國家圖書館出版品預行編目資料

清代碑學的興起與發展／胡泊 著 — 初版 -- 新北市：花木蘭
文化出版社，2013〔民 102〕

目 2+142 面；19×26 公分

（古代歷史文化研究輯刊 九編：第 27 冊）

ISBN：978-986-322-208-8（精裝）

1. 碑碣　2. 書法　3. 清代

618　　　　　　　　　　　　　　　　102002685

ISBN-978-986-322-208-8

9 789863 222088

古代歷史文化研究輯刊

九　編　第二七冊　　　　　ISBN：978-986-322-208-8

清代碑學的興起與發展

作　　者	胡泊	
主　　編	王明蓀	
總 編 輯	杜潔祥	
出　　版	花木蘭文化出版社	
發 行 所	花木蘭文化出版社	
發 行 人	高小娟	
聯絡地址	235 新北市中和區中安街七二號十三樓	
	電話：02-2923-1455／傳眞：02-2923-1452	
網　　址	http://www.huamulan.tw 信箱 sut81518@gmail.com	
印　　刷	普羅文化出版廣告事業	
初　　版	2013 年 3 月	
定　　價	九編 27 冊（精裝）新台幣 45,000 元	

古代歷史文化 研究輯刊

九 編

王明蓀 主編

第 27 冊

清代碑學的興起與發展

胡泊 著

清代碑學的興起與發展

胡　泊　著

作者簡介

胡泊（1978-），四川人，2008 年畢業於中國人民大學藝術學院，獲美學博士學位。現任教於重慶・西南大學美術學院，副教授。研究方向：中國書畫理論。在《美術觀察》、《藝術百家》、《美術與設計》、《文藝評論》、《人大複印資料・造型藝術》等刊物發表論文多篇，曾參與主持國家、教育部人文社會科學課題專案多項。2012 承擔教育部人文社會科學青年基金專案《從改革開放 30 年書法期刊看書法理論話語的演進》的課題研究。

提　　要

　　清代碑學興起是中國書法史上一次重大的變革，它打破了中國傳統書法以帖為主的風格取向，形成了以取法漢魏碑刻為宗的一個書法創作群體，並重構和改寫了中國書法史的格局。

　　本文以美國科學哲學家庫恩的「範式」理論作為研究框架。「範式」，簡單來說，就是某一科學共同體以及他們所共有的理論、觀念和規則。而中國書法史上的帖學和碑學，也可以看著是兩種「範式」──帖學範式和碑學範式：帖學範式宗法晉唐以來名家墨迹、法帖，而碑學範式則是取法漢、魏、南北朝碑版石刻，兩者都各有其審美觀念和技法規則，並由此形成各自的書藝群體。因此中國書法從帖學到碑學的轉變，可以看著是一種「範式」的轉變，其間不僅是書法取法物件、審美觀念和技法規則的變化，更是書法藝術共同體認識觀念上的變化。

　　因此從「範式」轉換的角度來探索清代碑學的興起與發展，除了可以對清代碑學範式的內容和特點進行研究外，還可以對清代碑學書家群體興起的原因進行分析，從而全面探析清代碑學興起的內在理路和外在根由，同時也為中國書法史的研究，探索別樣的理論視角和研究方法。

目

次

導　論

一、研究現狀與意義

　　在中國書法史上，清代碑學〔註1〕的興起，不同於書法史上的任何一次書法創新運動，它在創作上不僅打破了傳統帖學體系的格局，而且在帖學〔註2〕

〔註1〕　碑學，碑學基本有兩義：其一，研究考訂碑刻之源流、時代、體制、拓本眞偽和文字内容等的學科。其二，崇尚碑刻的書派，與「帖學」相對稱。（梁披雲主編《中國書法大辭典》，香港書譜出版社 1984 年版，第 207 頁。陶明君編著：《中國書論辭典》，湖南美術出版社 2001 年版，第 546 頁。），對於考訂碑刻之意，不在本文所論述範圍，而對於崇尚碑刻的書派，書法史家也有著不同的看法。在劉恒《中國書法史·清代卷》（劉恒：《中國書法史·清代卷》，江蘇教育出版社 1998 年版，第 4 頁）則認爲碑學指重視漢、魏、南北朝碑版石刻的書法史觀、審美主張以及主要以碑刻爲取法對象的創作風氣。而華人德在《評帖學與碑學》（華人德：《書法研究》第 69 輯，上海書畫出版社 1996 年版）則認爲「碑學書派取法非名家書法，帖學取法名家書法，這是兩派的本質區別。」綜合上述各家論述，本文中使用的碑學指的是取法漢、魏、南北朝碑版石刻的書法史觀、審美主張以及主要以碑刻爲取法對象的創作書派。

〔註2〕　帖學，帖學基本有兩義：（1）以研究考訂法帖之源流、優劣、眞偽、拓本之先後及文字内容爲對象得學科。（2）指宗尚法帖之書派，與「碑學」相對稱。（梁披雲主編：《中國書法大辭典》，香港書譜出版社 1984 年版，第 208 頁。陶明君編著：《中國書論辭典》，湖南美術出版社 2001 年版，第 546 頁），對於考訂法帖之意，不在本文所論述範圍，而對於崇尚法帖的書派，書法史家也有著不同的看法。在劉恒《中國書法史·清代卷》（劉恒：《中國書法史·清代卷》，江蘇教育出版社 1998 年版，第 4 頁）則認爲帖學指宋、元以來形成的崇尚王羲之、王獻之及屬於「二王」系統的唐、宋諸大家書風的書法史

系統之外，形成了一套思維模式，構成了一個全方位、多層次的書法體系。在創作上，篆、隸書體的復興開創了碑派書風的新面貌；在理論上，提出了「崇碑抑帖」說，利用大量碑刻資料對書法史作出了新的闡釋；在教育上，改變了明代以前學書從法帖入手的傳統，而將金石碑刻書法作爲取法對象；工具上，爲達到碑派書法的藝術效果，毛筆、宣紙等的性能也相應改進；此外，隨著碑派書風的流行，對書法藝術的品評標準也發生明顯變化……可以說，碑學在清代是一個有理論主張、有實踐成果、有社會基礎的藝術運動。而從更深層意義上說，碑學不僅僅是一種書法理論學術潮流和書法風格的嬗變，更是傳統書法思維系統的變化。它改變了傳統的建立在帖學範式基礎上的對書法的認識，打破了以二王爲首的帖學經典體系，變更了書法學習取法的對象和目的，而在以王羲之《蘭亭序》爲首的名家臨書範本之外的碑版書法中找尋到了一個不同於以往書法形態的體系和標準。這些種種變化都刻印在碑學給傳統中國書法所帶來的變革中，而這種變革在今天看來仍然在發揮著影響，正如沈語冰先生在《歷代名帖風格賞評》中所說：清代碑學「引起了中國書法從基本技法到創作思想，從創作思想到趣味好尙，從趣味好尙到藝術理念的全方位、整體性的變革。」〔註3〕甚至有學者認爲：「在過去的三百年中，碑學對中國書法產生了極其深遠的影響，它對中國書法史的重要性，相當於印象派繪畫在西方藝術史上的地位。」〔註4〕

　　雖然清代碑學在中國書法歷史中具有重要地位，但將清代碑學作爲專門研究的論著現在還較少，筆者以「碑學」爲主題詞，檢索各大圖書館（國家圖書館、北京圖書館、首都圖書館、人民大學圖書館），清代碑學的研究大概可以分爲三類：第一類，以整個清代碑學爲研究的論著：1、《清代書法碑學的發生與建構》〔註5〕，此論文從清代士人心性的轉變切入到清代碑學的分

　　　　觀、審美理論和以晉、唐以來名家墨蹟、法帖爲取法對象的創作風氣。綜合
　　　　以上論述，本文中使用的帖學指的是宋、元以來形成的崇尚王羲之、王獻之
　　　　及屬於「二王」系統的唐、宋諸大家書風的書法史觀、審美理論和以晉、唐
　　　　以來名家墨蹟、法帖爲取法對象的創作書派。
〔註3〕　沈語冰：《歷代名帖風格賞評》，杭州：中國美術學院出版社1999年版，第175
　　　　頁。
〔註4〕　白謙慎：《傅山的世界——十七世紀中國書法的嬗變》，生活‧讀書‧新知三
　　　　聯書店出版社2006版，第2頁。
〔註5〕　周睿：《清代書法碑學的發生與建構》中國人民大學中文系，博士論文2005
　　　　年。

析，以儒家學說所陶養的士人生命情調和人格氣象來理解清代碑學書法的發生和建構，把清代碑學書風和士人的生命情調、人格氣象結合起來進行研究，展示清代碑學人文內蘊的一面。2、《清代碑學書法研究》〔註6〕，論文以清代碑學書法和理論爲中心，在清代碑學文獻梳理和考證的基礎上，爲我們清晰的勾勒出清代碑學的整體輪廓，對清代碑學研究作出了全面、細緻的基礎性的工作。3、《中國書法史·清代卷》〔註7〕此書以清代書法爲主線，圍繞「帖學逐漸衰落，碑派迅速崛起」，展示了有清一代書法和書學的嬗變歷史，但因視野橫跨整個清代書法，故對清代碑學的闡釋深度，仍還有進一步討論空間。第二類，以清代碑學的某個部分爲研究對象的著作，如以清代碑學書家、書作、書體爲研究重心的有王冬齡《清代隸書要論》、葉鵬飛《阮元包世臣研究》、戴小京《康有爲與清代碑學運動》等，他們從書體風格的沿革、書家的生平以及書家與社會歷史文化之間的關係等各個層面對清代碑學展開研究，文獻材料豐富，梳理清晰，但憾理論分析少。第三類，就是眾多的書法通史類著作中的碑學章節部分，如王鎮遠《中國書法理論史》、姜澄清《中國書法思想史》、徐利明《中國書法風格史》等以及一些大專院校所編的《中國書法史》，在對碑學章節的論述中，它們多承續傳統藝術史研究範式，以書法家爲綱、書法風格爲線，結構條理清晰，凝煉直觀，但在碑學興起的社會、文化、思想背景方面的分析似顯不足。

綜上所述，上面三類著作，各有特色，從碑學理論、碑學書家、書法風格等各個層面對清代碑學作了較深入的分析和探討，但由於論著主要聚焦於碑學書家碑學理論和碑學書作的審美風格，故對於碑學出現的社會歷史文化政治因素的分析，在自覺運用理論批評話語進行研究分析方面，都嫌不足。正如姜壽田在《中國書法理論史》中所指出：「對碑學的認識也還遠未達到應有的文化高度——對碑學思潮只簡單化地將其認作乾嘉學派金石考據的附庸產物，或者僅將其視爲帖學風格地一種補充，從審美風格的變遷來研究碑學，而完全忽視了碑學對帖學正典地位衝擊和變革的意義，以及其所蘊含的思維觀念的變化。」〔註8〕

〔註6〕　廖新田：《清代碑學書法研究》，臺灣師範大學美術研究所，碩士論文 1992 年，此書在大陸圖書館均無法檢索到，廖新田先生於 2007 年到北京時贈予。

〔註7〕　劉恒：《中國書法史·清代卷》，江蘇教育出版社 1999 年版，目前大陸惟一一本以清代書法史爲題的斷代史著作。

〔註8〕　姜壽田：《中國書法理論史》，河南美術出版社 2004 年版，第 184 頁。

　　圍繞清代碑學，除了碑學書家和書法風格之外，仍然有一些問題值得大家去探討：為什麼中國傳統書法系統到了清代會出現一個不同於帖學體系的碑學系統？清代學術轉型對碑學有何影響？為什麼帖學傳統會受到質疑？清代帖學又處於何種地位？文人士大夫對碑學怎麼看待，他們持什麼態度？人文精神在清代碑學中是如何體現的？碑學是不是書法風格演變的結果？為什麼清代碑學會把「窮鄉兒女造像」也作為經典？為什麼清代碑學會出現在清代，清代碑學出現的社會文化氛圍是怎樣的？這些問題都是促使筆者不得不進入到清代碑學興起與發展的社會文化語境去思考。當然，這就涉及到我們對書法史認識的方法問題，是從書法藝術構成內容——書法理論、書法家、書法作品風格入手，還是從書法的社會環境、政治、文化等切入分析？而在「新文化史」〔註9〕學家來看，對於某一階段的藝術史分析和闡釋，必須要把藝術史和思想史密切結合起來，也就是說，要把藝術發展與社會文化語境思想的變革結合起來，深入到藝術發展的社會語境細部中去闡釋，從而獲得一些不同於傳統藝術史的視野，取得新的研究成果。這其中的一個成功典範，就是哈佛大學出版社 1984 年版 Benjamin A. Elman "From Philosophy to Philology：Intellectual and Social Aspects of change in late Imperial China"中文譯名為《從理學到樸學——中華帝國晚期思想與社會變化面面觀》一書，「本書融彙學術史、社會史於一體的研究方法，它採用了歐美最近出現的『新文化史』方法，這種方法摒棄了傳統學界將思想史與社會史割裂開來的做法。」〔註10〕該書就是用「新文化史」的方法從清代社會經濟的背景角度去考察江南學術共同體的演變過程。而此種方法在書法史研究運用中的又一個成功範例是：波士頓大學白謙慎教授 2006 年出版的《傅山的世界：十七世紀中國書法的嬗變》。該書把傅山的人生發展歷史融入到社會時代思想大變遷中，通過社會變遷和書法藝術之間的關係入手，切入傅山的書藝風格研究，進而從傅山的書藝風格歷程，來折射時代的變遷和思想的變化。這為我們研究書

〔註9〕　所謂「新文化史」是指 20 世紀 70 年代後期首先在法國出現的史學研究流派，目前已發展為繼「社會史」學派之後的西方史學主流。此流派的多種方法特色之中，最重要的一點是從文化與社會、政治、經濟、藝術等因素之間的互動關係中，對於歷史中的主體元素——個人以及事件、觀念等等進行研究。因此其著述的題材極為廣泛，方法各出新致，積極運用跨學科的資源與成果。

〔註10〕　〔美〕艾爾曼著，周文彬譯：《從理學到樸學——中華帝國晚期思想與社會變化面面觀》，江蘇人民出版社 1997 年版，第 2 頁。

法史打開了一條新的思路，即融社會思想史研究到書法藝術研究中，挖掘書法藝術與社會思想之間的互動關係。

因此，在思考和借鑒以上研究成果和藝術史研究思路的基礎上，本書嘗試把碑學興起嵌入到整個清代社會、文化、政治中去展開研究。從借鑒「範式」〔註 11〕理論入手切入到清代碑學書家共同體的生存語境研究中，進而從清代碑學書家出現的社會、文化、歷史原因分析入手，來闡釋清代學術轉型、士人身份的變化以及隨之而來的心性的變化對碑學興起的影響，並把對清代碑學的論述融入到碑學興起和發展的整個歷史背景中，發掘出其內外部因素，最終展現出一個立體的碑學。

二、「範式」的內涵

「範式」（Paradigm）是科學哲學家和科學史家托馬斯・庫恩在《科學革命的結構》中提出的一個核心概念。他認爲自然科學的發展與其說是一個科學理論不斷累積的歷史，毋寧說是科學共同體理論研究視域不斷轉換的過程，庫恩稱之爲「範式」的轉換。而科學共同體理論的形成與分化，和社會、文化、歷史有著密切的關係。這樣，庫恩就把對科學發展的認識從科學理論的研究擴大到科學主體的知識境域，並從歷史學、社會學、心理學等相關領域來進行解釋，從而對科學的發展機制和規律作出了新的闡釋。這不僅改變了人們對於科學發展歷程的認識，還被大多數人文社會科學運用到各自學科發展遞變的原因解釋中。

那「範式」是一個什麼概念呢？按照庫恩的看法，範式是指「某一科學共同體在一定時期內基本認同並在研究中加以遵循的學術基礎和原則體系，它通常包括一門學科中被公認的某種理論、方法，共同的對事物的看法和共同的世界觀。」〔註 12〕在庫恩看來，「範式」集科學理論、方法和研究主體的心理特質三個層面於一體，是一個具有多層次結構的、多方面功能的範疇，簡單來說是「一種範式，是一個科學共同體成員以及他們所共有的東西。」〔註 13〕

〔註 11〕「範式」是出自美國科學史家托馬斯・庫恩在《科學革命的結構》中的一個核心概念，下文對此概念有詳細解釋。

〔註 12〕〔美〕托馬斯・庫恩著，金吾倫等譯《科學革命的結構》，北京大學出版社 2006 年版，第 164 頁。

〔註 13〕〔美〕托馬斯・庫恩著，金吾倫等譯《科學革命的結構》，北京大學出版社 2006

　　因此在庫恩看來，所謂科學中的革命——理論的嬗變，其實就是從一種範式向另外一種範式轉換的過程。如果我們概括地描述科學發展的路線，那就是：範式——常規科學階段——危機——新的範式確立——新的常規科學階段……依此類推，可以看出，在這一過程中起支配作用的是範式的轉變和新的範式確立。在科學革命之間的常規科學階段，實際上是由於科學共同體（Scientific community）所有成員對於專業看法一致的結果，它體現為範式的形成和確立。但是隨著歷史的發展，範式逐漸僵化和凝固，期間當一些新問題和新事物出現，範式不能納入自身體系之內做出圓滿的解答時，範式就進入到危機階段，而新的範式則會應運而生，對關鍵問題做了成功的解釋，最終贏得了科學家共同體的信任。新範式取代老範式的過程其實是科學革命的過程。新的範式代表了科學家共同體成員的世界觀、價值觀和技術手段的總體，它建立了新的常規科學。

　　綜上所述，範式大概包含著三個方面的因素：

　　第一，「範式」指「科學共同體」。庫恩所說的「科學共同體」，是指在科學發展的某一特定歷史時期，某一特定研究領域中，持有共同的基本觀點、基本理論和基本方法的科學家共同體。共同體的成員經歷相同的教育和業務傳授、吸取相同的技術文獻以及獲得相同的學科訓練等，構建出一個具有穩固知識場域的科學共同體。

　　第二，「範式」指科學發展歷史背景中某一時代的科學理論系統。它包括三個方面的內容：

　　　1、觀念範式——一套根據特有的價值觀念和標準所形成的關於外部世界的形而上的信念，包括宇宙的本質是什麼，它們如何相互作用，它指導著對科學觀念的基本看法。

　　　2、規則範式——在觀念範式基礎上衍生出來的一套概念、定律、定理、規則、學習方法的使用規則和程序。

　　　3、操作範式——一些公認的或具體的科學成就的經典著作等。

　　第三，「範式」的優先性。庫恩發現：「科學家從不抽象地學習概念、定律和理論」，而是通過範式所包含的範例來直觀理解範式的內核，因為「範式是共有的範例」〔註14〕。範例它最能直接把常規科學的思想傳達出來，並以

〔註14〕〔美〕托馬斯·庫恩著，金吾倫等譯《科學革命的結構》，北京大學出版社2006
年版，第168頁。

此為核心形成範式的接受群體。所以庫恩說：「範式無需可發現的規則的介入就能夠確定常規科學。」〔註 15〕「在任何一門科學的發展過程中，最先接受的範式，通常會讓人感覺到它對於科學研究者容易理解的大多數觀察和實驗，能給予相當成功的說明。」〔註 16〕

庫恩使用「範式」來解釋科學發展的歷史，目的在於要轉變傳統的對科學發展史的研究。他認為從科學理論的演化來對科學史作出的解釋是不全面的，因為科學發展不僅是科學自身理論的變化，也隱含著歷史、文化和社會的動因，而要對科學發展給出一個全面的認識，必須引入相關人文科學的研究來深入挖掘科學發展的原因。因此庫恩強調，科學歷史的研究「除了有關科學概念、方法、技術進化的核心部分，還要強調科學的社會環境，特別是科學教育、制度以及道義支持和財政支持等的演變模式。」〔註 17〕因此，庫恩認為只有借鑒不同的學科研究，通過引入歷史學、社會學、心理層面的因素對科學發展的解釋，「才會由於追加的研究而產生意義重大的會聚」〔註 18〕他還認為，應該把科學研究的「外部進路」和「內部進路」結合起來，「把知識作為科學實體來考慮，經常稱之為『內部進路』，這仍然是主要的形式。把科學家作為一個更大文化範圍中的社會群體，關注他們的活動，這經常稱之為『外部進路』。怎樣把這兩者結合起來，也許就是這個學科現在所面臨的最大挑戰，而現在也已有了日益增多的作出反應的跡象。但遺憾的是，只要看看這個領域的現狀就一定仍然把它們看做兩個實際分離的學科。」〔註 19〕

庫恩把科學研究的「內部進路」──科學理論和「外部進路」──科學家群體結合起來，展開對科學發展的研究，創造性地使用「範式」來結合內外因素。範式由「科學共同體」和「規則、範例、觀念」等構成，從範式概念入手解釋科學變革和發展，既要關注科學共同體共有的範式所構成的科學理論和規則，還必須要去研究導致科學共同體出現的社會環境、教育、學術

　　　年版，第 168 頁。
〔註 15〕〔美〕托馬斯·庫恩著，金吾倫等譯《科學革命的結構》，北京大學出版社 2006年版，第 43 頁。
〔註 16〕〔美〕托馬斯·庫恩著，金吾倫等譯《科學革命的結構》，北京大學出版社 2006年版，第 60 頁。
〔註 17〕〔美〕托馬斯·庫恩，范岱年等譯《必要的張力──科學的傳統和變革論文選》，北京大學出版社 2005 年版，第 11 頁。
〔註 18〕同上，第 7 頁。
〔註 19〕同上，第 110 頁。

思潮的變化，以及他們對共同體造成的影響，而範式正是把它們聯結起來的一個核心概念。

因此，從「範式」的角度來看問題，意味著研究觀念和方法的改變：

第一，觀念上的轉變。與以往以科學理論演進爲研究中心不同，庫恩把科學的轉變聚焦於科學共同體觀念的轉變，因爲正是科學共同體觀念的變化導致新的範式的出現和理論變革，這樣就把科學研究的視角深入到導致科學共同體觀念變化的社會層面，從而爲深入研究科學發展變革提供了新的思路。

第二，認識論的變化。在科學研究中，「範式」是主體把握客體的一種理性整體框架，範式不同，對材料的發現與取捨乃至描述就不同，因而認識的角度和深度也就不同。所以，同一資料在不同的範式中，就有不同的意義。在這裡，庫恩強調了範式作爲一種理論框架，對於認識主體及其認識活動的重要作用，這就導致了認識的差異和視角的轉換。因此，庫恩認爲科學理論並無高下之分，理論的變革，只是範式的變化引起的結果而已。

第三，範例的重要性。庫恩認爲，範式是「共同的範例」，而範例是範式的直接呈現，能在具體理論之外直接傳播其思想。學生正是通過範例的觀察和學習進入到範式共同體之中，形成範式凝聚下的接受群體，並通過經典範例來植入未知世界，把具有相似性的範例納入範式之中。

總之，庫恩用範式轉換研究使科學史研究從科學理論的沿革轉向科學共同體以及導致科學共同體出現的社會歷史、文化、經濟等原因上面，展現了對科學發展認識從理論客體，轉向科學主體所賴以形成的心理、歷史大背景上的路徑，爲科學發展和其他人文科學認識自身，提供了新的工具和研究方法，範式被人文科學廣泛用在自身的發展史研究之中。前面提到的《從理學到樸學——中華帝國晚期思想與社會變化面面觀》就是從庫恩範式入手的研究，「本書將運用他（庫恩）的研究成果，探討清代學術共同體（乾嘉學派）的總體特點，重點分析清代學術所形成的內在和外部成因。」〔註20〕

因此，本文從「範式」切入清代碑學興起與發展的研究，就不僅聚焦於清代碑學的理論形態——如碑學理論、碑學書風，還要分析導致清代碑學書法群體出現的社會、歷史、政治經濟等原因，把「內部進路」和「外部進路」結合起來，分析清代碑學的興起和發展。內部進路包括帖學範式的僵化、書

〔註20〕〔美〕艾爾曼著，周文彬譯，《從理學到樸學——中華帝國晚期思想與社會變化面面觀》，江蘇人民出版社 1997 年版，第 2 頁。

法審美風格的變化、碑學書法的興起和構成形態、碑學書家和理論形態等。
外部進路包括清代學術轉型、乾嘉學派的興起、士人身份的流變、帝王的喜
好和科舉制度、碑學共同體的形成等因素。最終改變過去書法史研究單一化
的局面，把書法理論、書法作品和碑學書家的興起、發展和外部歷史、社會、
學術環境結合起來，把對清代碑學書法群體、碑學風格和理論的分析融入到
社會、政治、文化大背景中去分析和闡釋，力圖立體展示清代碑學範式發生
發展的全貌。本書除了採用庫恩「範式」理論之外，還將採用書法形式風格
分析、理論話語分析、學術思想史等領域的理論研究方法和成果，來深入到
清代碑學興起和發展的研究中。

三、範式與書法

　　對於中國書法藝術來說，也存在庫恩「範式」所蘊含的「書藝共同體」。
千百年來，他們構建並界定了書法的形態和範圍，形成了一個以名家法帖譜
系爲典範的書藝共同體，歷代學書者無不以他們爲楷模，其中的翹楚則是王
羲之，他甚至被尊爲「書聖」，他們構成了中國書法特有的藝術觀念、審美體
系和技法規則。

　　自古以來，中華民族就是一個崇拜聖人的民族，中華傳統文化裏面特有
的「聖人觀」，可以說是中國思想文化內核的一個聚光點。「因爲無論是從哲
學、史學、文學等爲主幹的理論型文化來分析，還是從禮儀制度、道德倫常、
風俗習慣等爲要素的大眾型文化來觀察，均能發現聖人的無所不在以及聖人
觀念的強大統攝作用。聖人乃是千百年來由中國人塑造，又爲中國人所企慕
的最高理想人格。相當於救世主的聖人，其非凡的智慧以及崇高的品德，早
已成爲中國人在生命繁衍和文明創造中賴以汲取力量源泉以及加以奉行的規
範準則，甚至聖人的存在本身就是一面具有巨大精神號召力和情感凝聚力的
偉大旗幟」〔註 21〕「舉凡天人、道器、形名、體用、本末、心性、理欲、義
利等觀念，無一不與聖人相關。上自宇宙本體，下至飲食男女；從『贊天地
之化育』的王者之事，到百姓日用，皆以聖人爲軸心而轉動。它由一個普通
觀念，昇華爲一種文化精神，幾乎涉及傳統文化的方方面面。」〔註 22〕通過
樹立「聖人」以之爲典範來引導和規範民眾，形成了中國文化裏面特有的「聖

〔註 21〕王文亮：《中國聖人論》中國社會科學出版社 1993 年版，第 4 頁。
〔註 22〕劉澤華：《中國的王權主義》，上海人民出版社 2000 年版，第 364 頁。

人」譜系，比如「藥聖」、「詩聖」、「草聖」……，從廟堂到民間都有聖人被確立，正是由他們奠基並組建了中國傳統文化的整體構架，中國文化的核心精神都能從中找到。在某種意義上說，中國主導的文化和學術傳承是靠闡釋和延續聖人而得到傳播的。由上可以見出，中國文人心靈深處潛藏著的尚古尊聖的傳統意識時時啓示著作家要遵循以古爲美、以典爲尊、以聖爲信的思維方式和審美觀念。

傳統書法領域也是如此，東晉書法家王羲之就是這樣一個被樹立起來的聖人。當被唐太宗李世民尊其爲「書聖」之後，他就從書法藝術技的層面上陞爲道的層面，成爲書法文化圈的典範象徵，從心理層面、價值取向、思維方式塑造著書法的最高形態，引導著後來的學書者以之爲中心，歷代法書無不以此爲楷模並建基於此。此時的王羲之不再是一個具體實體的個人，而是一個文化象徵符號，代表了書法藝術種種發展的可能和範圍。其內涵也隨著文化的發展而不斷地擴大，故而古人才有種種王羲之的傳說，乃至將不知名的優秀書作也歸於王羲之名下。「以書之用於世久矣，先王爲之立學以教之，設官以達之，置使以諭之，蓋一道德，謹家法，以同天下之習。」〔註23〕可謂指出了書法聖人楷模之於書法的意義，不僅引導了書法風尚，而且達到書同文天下共習之的場面。

因此，以王羲之爲首，在其周圍形成一個書法藝術共同體，他們就像是一個無形的「場」。這個「場」代代相傳，其社會化的書法活動如科舉、詩詞、匾額書寫等潛移默化地引導著學書者，左右著書法藝術發展的基本趨勢，書法也從中實現了自我的延伸。凡論書者一個潛在的標準，就是「王書」。歐陽詢《用筆論》曾載：「自書契之興，……至於盡妙窮神，作範垂代，騰芳飛譽，冠絕古今，唯右軍王逸少一人而已。然去之數百年之內，無人擬者。」〔註24〕項穆在《書法雅言・規矩》中說：「書不入晉，固非上流；法不宗王，詎稱逸品？」「豈有捨仲尼而可以言正道，異逸少而可以爲法書者哉？」〔註25〕他還以王書爲旨歸，來品評歷代書家，「逸少一出，會通古今，書法集成，模楷大定。自是而下，優劣互差。……智永、世南，得其寬和之量，而少俊

〔註23〕《徽宗崇寧三年六月》，《續資治通鑒長編拾補》卷二十四，黃以周等輯注，中華書局 2004 年版，第 1231 頁。

〔註24〕歐陽詢：《用筆論》，《歷代書法論文選》，上海書畫出版社 1979 年版，第 105 頁。

〔註25〕項穆：《書法雅言・規矩》，《歷代書法論文選》，上海書畫出版社 1979 年版，第 521 頁。

邁之奇。歐陽詢得其秀勁之骨，而乏溫潤之容。褚遂良得其鬱壯之筋，而鮮
安閒之度。李邕得其豪挺之氣，而失之竦窘。顏、柳得其莊毅之操，而失之
魯獷。旭、素得其超逸之興，而失之驚怪。陸、徐得其恭儉之體，而失之頹
拘。過庭得其逍遙之趣，而失之儉散。蔡襄得其密厚之貌，庭堅得其提衄之
法，趙孟頫得其溫雅之態。」〔註26〕歷代書家正是以王羲之爲核心，臨摹、
品評並延續其技與道的精髓，建構起了一個以王羲之爲中心的，具有相同審
美觀念的書法藝術共同體。這個共同體在不斷成長和完善中形成了一個以名
家法帖爲範的傳承有序的書法體系，即帖學範式，「一個範式就是一個科學
共同體的成員所共有的東西，而反過來，一個科學共同體由共有一個範式的
人組成。」〔註 27〕正如布林迪厄說：「美學範圍內的共識就是如此，由於有
了這種共識，我們把被我們命名爲藝術的東西命名爲藝術。」〔註28〕因此，
千百年來，以王羲之爲首的帖學範式所構建起的中國傳統書法的基本形態、
審美理念以及筆法體系統治和主導著中國書法發展的走向。這一帖學範式在
中國書法特有的師承傳統體系中還進一步得到了延續和加強，進而鞏固了對
書法藝術美的共識。

　　這種書法的發展模式最終傳播和固定下來的標誌便是淳化三年《淳化閣
帖》的刊刻，它使名家法帖眞正得以大規模的傳播開來。古時名家書法墨蹟
一般讀書人極難見到，正是由於宋代以來大規模法帖刊刻的興起，使廣大學
書士人有機會接觸名家法帖，並以其作爲自己學書的範本，在此基礎上，確
立並形成了以帖學爲取法對象的書法藝術共同體。直到清代，這一局面才被
碑學打破，形成了另一個與取法帖學不同的書法藝術共同體，即以取法漢魏
碑刻爲範的書法群體，它不僅代表了書法藝術風格的轉變，更體現了學書者
思維方式上的變化。

　　可以說，書法幾千年來的發展，正是因爲有了範式的凝聚作用，才能以
此爲中心形成對書法的基本觀念的認同，「範式就是對這門藝術的規律進行概
括和總結，以便讓人們能更快、更迅速地瞭解這門藝術的特性」〔註29〕，以
範式爲中心形成了一個書法「共同體」。換句話說，如果人們對書法藝術缺乏

〔註26〕　項穆：《書法雅言》，《歷代書法論文選》，上海書畫出版社 1979 年版，第 533
　　　　頁。
〔註27〕　〔美〕托馬斯‧庫恩著，金吾倫等譯《科學革命的結構》，北京大學出版社 2006
　　　　年版，第 158 頁。
〔註28〕　〔美〕迪弗《藝術之名》，湖南美術出版社 2001 年版，第 16 頁。
〔註29〕　胡傳海《法度、形式、觀念》，上海書畫出版社 2006 年版，第 3 頁。

一個較爲統一的看法，書法藝術既不會被認定，更不會有書法作爲一個藝術形式的存在。因此範式既界定著什麼是書法，同時它也是書法藝術發展的座標或羅盤。以此座標爲基礎，才有可能將具有某種屬性的東西歸入一定的範圍或規範化。正因爲如此，清代碑學的興起，就不僅僅只是一種書法藝術風格的變化，從帖學範式的危機到碑學範式的興起，無不與書法「共同體」以及他們所擁有的書法藝術理念、審美風格、技法以及展現出來的範例等息息相關。因此，一種居主流學術地位的學術範式被取代，不僅與自身理論上的突變有關，還與眾多社會、歷史等原因有關，範式的轉換就是一種信念的轉換。正如科學活動領域裏的每一個重大的突破幾乎都是範式的轉換一樣，新的藝術風格的轉變本質上也是一種思維模式和解釋範式的變化，是一種視覺範式的轉變，而轉變的結果是藝術新形式、新風格的出現。因爲「每種風格都體現著一種認識論意義上的選擇，體現著我們怎樣感知以及感知什麼的闡釋」〔註30〕

因此，借助「範式」理論，我們對清代碑學興起的研究，就不僅僅局限於清代碑學書法風格、碑學書家和碑學理論的研究，還將把研究的觸角深入到清代碑學書家和碑學書風所出現的「內在進路」和「外在進路」。「外在進路」，即從清代政治文化政策、學術轉型、士人身份變化等角度來探討促使清代碑學興起和發展的原因。「內在進路」，即從帖學範式的危機入手，探討清代臨書觀念的變化，以及導致碑版刻石取法和書法形變的原因所在。從社會、文化、政治層面來切入書法群體形成的內外因，分析其書法理論和形態構成，從而改變書法史單純的以書法家、書法風格爲研究的傾向，爲我們分析和闡釋一個立體的清代碑學提供一種新的研究模式。這一模式使我們能直接觸摸到清代碑學的思想內核，進而闡釋清代碑學書藝共同體的形成，並展示其審美觀念和風格變化的社會、文化、政治的原因之所在。

四、帖學範式

在展開清代碑學論述之前，有必要對帖、碑、帖學範式、碑學範式的內容和特點作一些簡單的梳理。

〔註30〕〔美〕蘇珊・桑塔格《沉默的美學》，南海出版公司 2006 年版，第 48 頁。

（一）帖

　　帖學範式與帖密切相關。古時的帖，按《說文解字》載：「帖，帛書署也。」《辭源》：「帖，以帛作書也，書於帛者曰帖，書於竹木者曰簡冊。」上古時候，在沒有發明紙之前，寫字契刻獸骨或用竹簡、木板、帛。之後，用樹皮等製作的造紙術發明，書之於紙上亦稱「帖」，其最早記載見於《前漢書・游俠傳》。文中曾記載陳遵，稱他「性善書，與人尺牘，主皆藏去以爲榮。」〔註31〕至於陳遵其人，則是王莽時期有名的書家。古時優秀的墨蹟極爲珍貴，一般人很難見到，爲使書作廣爲傳播，宋代以來開始將它們刻在木版、石版上，這樣就可以反覆拓製而不易磨損，書作也就得以更大範圍的流傳。於是後人就把刻於木石上的拓本亦稱「帖」〔註32〕。需要補充說明的是，唐代以前古人所稱的「帖」，一般指眞跡摹本；唐宋以後所稱的「帖」，則包括原始書紙作品的刻帖拓片，是一種特殊的複製而非眞跡。現存最早的官刻叢帖是《淳化閣帖》〔註33〕，被稱爲「帖祖」，標誌著帖學的開端。宋代翻刻《淳化閣帖》有數十種之多，歷代重刻翻刻更是不計其數。南宋曹士冕《法帖譜系》將這些刻帖分爲三大系統〔註34〕：一是《閣帖》系統，屬原帖翻刻，如《二王府帖》等；一是《潭帖》系統，是在《淳化閣帖》基礎上稍作增刪，如《大觀帖》等；一是《絳帖》系統，與《淳化閣帖》相比，增刪較多。這些刻帖成爲文人學習書法的最佳範本，由此，法帖開始廣泛傳播，並掀起了歷代官、私刻帖之風，也使原來極爲珍貴的、對於一般學書之人來說也很難見到的名家墨蹟得以傳播。晉唐名家墨蹟也由此眞正傳播開來，並形成了以晉唐名家墨蹟和法帖爲取法對象的書藝共同體。

（二）帖學範式

　　談到帖學範式，就不得不說帖學範式的書家典範王羲之及其相關經典作

〔註31〕班固：《前漢書・游俠傳》，中華書局 1936 年版，第 743 頁。

〔註32〕據應成一《碑學與帖學》考證，帖的意義有五種變化：第一、指書於帛簡牘之上，凡屬寫字小件都稱帖。第二、東漢起，收集名家所書的短箚尺牘稱之爲帖。第三、宋代收集名家書跡以刻木石稱之帖。第四、流俗錬字，取碑帖拓本裝裱成冊以便閱覽，稱之帖。第五、清代以來，將取法晉唐以來名家墨蹟和法帖的書法流派，稱之爲「帖學」，以帖代表書體之一派，則是帖的五變（見《20 世紀書法研究叢書・考識辨異篇》，上海書畫出版社 2000 年版，第 138～139 頁）。

〔註33〕仲威：《帖學十講》，上海書畫出版社 2005 年版，第 4 頁。

〔註34〕曹士冕：《法帖譜系》，中華書局 1985 年版，第 23 頁。

品，歷代帖學書家群體正是以此爲中心展開，形成綿延至今的帖學書法傳統。它們的興起，可以說與下面幾個因素有關：帝王的尊崇；書家的推崇；法帖的刊刻。

1、帝王的尊崇

以取法王羲之爲首的名家法帖的書藝群體的形成，可以說很大程度是歷代帝王促成的。自梁武帝蕭衍在《古今書人優劣評》稱「王羲之書字勢雄逸，如龍跳天門，虎臥鳳闕，故歷代寶之，永以爲訓」〔註35〕開始，王羲之的書作就受到了歷代帝王和文人的青睞與重視，到了唐太宗李世民，更是把王羲之尊爲「書聖」。李世民還以帝王之尊爲其作《王羲之傳論》，並在其中稱王書爲「盡善盡美」，心向往之，「心慕手追，此人而已；其餘區區之類，何足論哉！」〔註36〕到了淳化三年，宋太宗刊刻的《淳化閣帖》——法帖之祖，作爲一項傳承正統、標榜文治的政治任務，從帝國最高統治的層面確立了正統的書法審美標準。其中，《淳化閣帖》十卷篇幅中，「二王」佔了五卷，在總共四百二十帖中，「二王」的帖數高達二百三十三，佔了總帖數的百分之五十五點五，超過了半數。而其餘收錄的褚、虞、歐等等，也皆是學王一系或近於王書。「與二王風格相異者，如秦篆、漢隸、唐楷均較少收錄；對於唐代書法浪漫主義的高峰——張旭、懷素的狂草作品一概拒之門外，僅收錄了他們接近二王風格的今草。」〔註37〕刊刻爲後人保存了大量已經絕跡的歷代名家法書，以刊刻對書家、書作的選擇和標準來看，《淳化閣帖》確立了中國傳統帖學書法的經典示例和審美風格標準，近王一路的書作成爲了書法的經典，並以此形成一個名家譜系。再加上隋唐以來的以書取士的科舉考試，使千萬文人從功利的角度考慮也加入到學王的道路上。據載：「明成祖朱棣好文喜書，曾詔求四方善書之士寫朝廷的詔書及皇帝的特殊文告。這些善書之人都被授中書舍人官職，舍人中又選 28 人專習二王法帖，而且盡出密府所藏古今法書供他們臨摹和賞玩。」〔註 38〕而在清代科舉考試中，「——考生士子多以傳爲王羲之所書的《黃庭經》、《樂毅論》等流傳極爲廣泛和

〔註35〕蕭衍：《古今書人優劣評》，《歷代書法論文選》，上海書畫出版社 1979 年版，第 81 頁。

〔註36〕《晉書》卷 80，《列傳》第 50，中華書局 2000 年版，第 2114 頁。

〔註37〕仲威：《帖學十講》，上海書畫出版社 2005 年版，第 8 頁。

〔註38〕喻革良：《論歷代帝王與王羲之書法》，《中國書畫》1979 年第 2 期，第 27 頁。

普遍的刻帖作爲學習小楷的範本。」〔註39〕可以說，從日常書寫到詩詞歌賦、科舉考試，從碑版匾額到典章制度，以王書爲首的帖學範式無不浸染其間。學習典範既是獲得自我身份認同的一種方式，還是進入到整個書藝群體乃至進入政治群體之中的必備技能。因此從廟堂到民間，名家法帖就這樣一代一代傳承下去。

2、書家的推崇

既有帝王的尊崇，則上行下效，文人也無不以此爲範。王羲之的手箚廣爲流傳，並成爲千百年來文人的楷則，其書所體現出來的「中和」之美，也就成爲書法的審美標準和評價準則，歷代書法家和文人無不受此影響。孫過庭在《書譜》稱讚王書：「志氣和平，不激不厲，而風規自遠。」〔註40〕尊爲典範。後代評書者稱：「虞世南得其美韻」、「歐陽詢得其力」、「褚遂良得其意」、「薛稷得其清」、「顏眞卿得其筋」、「柳公權得其骨」〔註41〕……可見歷代書家無不在延續和承續其衣缽。到了元明兩代，趙孟頫、項穆更是稱王羲之爲書中之「聖」，把其書作的審美風格「中和」之美尊爲千百年書法臨寫和創作的典範，並在這種「中和」之美的觀念中形成了一整套操作規範。歷代學書者多從此臨習入門。清代阮元就曾說：「元明書家多爲《閣帖》所囿，且若《禊帖》之外，更無書法。」〔註42〕其時「江南書香之家幾乎家置一石，以供子弟臨寫。」〔註43〕歷代對二王手箚及《蘭亭序》的臨寫、刻摹不計其數，從王羲之到蘇東坡、文徵明、趙孟頫、董其昌……一大批文人書家無不在延續其傳統，從中臨摹、研究和創作，從而進入到帖學範式的體系中，組成了一個龐大的書法藝術共同體，形成了傳統文人士大夫對於書法藝術的認識和評價體系。正是這個以王羲之爲代表的晉唐的帖學名家譜系，成了世代書家師法、遵循的典範，主宰了中國書法的發展方向。

3、法帖的刊刻

宋代以來興起的法帖刊刻——官刻《淳化閣帖》和私刻，由於可以大規

〔註39〕劉恒：《中國書法史・清代卷》，江蘇教育出版社1999年版，第122頁。
〔註40〕孫過庭：《書譜》，《歷代書法論文選》，上海書畫出版社1979年版，第129頁。
〔註41〕楊賓：《大瓢偶筆》，《書學集成・清代卷》，河北美術出版社2002年版，第171～172頁。
〔註42〕阮元：《南北書派論》，《揅經室集》集三卷一，中華書局1993年版，第591頁。
〔註43〕華人德：《評帖學與碑學》，《書法研究》第69輯，上海書畫出版社1996年版，第16頁。

模複製，故使得廣大文人、士大夫階層乃至於庶民百姓可以觀摩、臨寫包括王羲之在內的名家書法傑作。它是有史以來第一次大規模地將古代眞跡普及傳播到民間，從而眞正樹立起了魏晉以來名家法帖的權威地位，成爲千萬書法文人頂禮膜拜的典範。

法帖不僅僅有保存前朝書法名跡、傳播書法藝術、普及書法教育的作用，同時它也改變了傳統書法的傳承方式。可以說宋代以來法帖大規模刊刻的意義，在於徹底改變了魏晉以來書法傳承的基本方式，向世人提供了一種較新的學習書法的途徑。宋朝法帖刊刻以前，書法的傳承主要依靠口傳身授，或父子相傳，或舅甥相傳，或師徒相傳，有著一套極爲嚴格的筆法傳承系統，外人要想窺得其中奧妙殊不易，傳播範圍也極爲有限。張彥遠在《法書要錄》卷一有《傳授筆法人名》一篇，曾載唐以前書法傳承的譜系：「蔡邕受於神人，而傳之崔瑗及女文姬。文姬傳之鍾繇，鍾繇傳之衛夫人，衛夫人傳之王羲之，王羲之傳之王獻之，王獻之傳之外甥羊欣，羊欣傳之王僧虔，王僧虔傳之蕭子雲，蕭子雲傳之僧智永，智永傳之虞世南，世南傳之歐陽詢，歐陽詢傳之陸柬之，柬之傳之侄彥遠，彥遠傳之張旭，旭傳之李陽冰，陽冰傳徐浩、顏眞卿、鄔彤、韋玩、崔邈，凡二十有三人。文傳終於此矣。」〔註44〕

這個筆法傳承的系統是否屬實暫且不論，而關鍵在於從中我們可以深切體會到唐人對於筆法傳承的重視，他們對於筆法傳承的描述甚至到了神化的地步。宋代陳思《書苑菁華·秦漢魏四朝用筆法》曾記載鍾繇獲取筆法的傳奇故事，「(鍾繇)於韋誕坐中見蔡邕筆法，自槌胸三日，其胸盡青，因嘔血。魏太祖(曹操)以五靈丹救之，乃活。繇苦求不與。及誕死，繇陰令人盜開其墓，遂得之。」〔註45〕而「晉太康中，有人於許下破鍾繇墓，遂得《筆勢論》。翼(宋翼，鍾繇弟子)乃讀之，依此法學，名遂大振。」〔註46〕這些稗說，歷實舛亂已屬神話，但歷代相傳，可見筆法在古時候書學中的重要地位。唐朝貞元年間的書法家韓方明在《授筆要說》中也非常鄭重地談到筆法傳承問題，他說：「昔歲學書，專求筆法。貞元十五年授法於東海徐公璹，十七年授法於清河崔公邈，由來遠矣。」〔註47〕晚唐另一位書家盧攜也說：「吳郡張

〔註44〕張彥遠：《法書要錄》，人民美術出版社 1984 年版，第 16 頁。
〔註45〕陳思：《書苑菁華》，《四庫全書》814 冊，臺灣商務印書館 1986 年版，第 346 頁。
〔註46〕沙孟海：《古代書法執筆初探》，《書學論集》，上海書畫出版社 1985 年版，第 26 頁。
〔註47〕韓方明：《授筆要說》，《歷代書法論文選》，上海書畫出版社 1979 年版，第

旭一言：自智永禪師過江，楷法隨渡。……蓋書非口傳手授而云能知，未之見也。」〔註48〕唐人之所以如此重視筆法的傳承，其中的一個重要原因就是唐人手中沒有像宋代法帖這樣直觀、普及的學書範本，而只能依賴口傳手授以掌握書寫的要領。而宋代以後，隨著法帖的興起，這種狀況得到了根本的改變，人們學習書法有了人人都可以得到的法帖範本。拜帖為師，臨帖學字，依靠自己的體悟來師承前人的筆法技法，也就成為宋代以後學習書法的主要途徑，再不必像他們的前人那樣完全依靠口手相傳來尋求筆法的秘訣。也正是如此，宋朝以後也就沒有如唐人一般記載詳細的筆法傳承系統了。因此，可以說自宋代以來，中國書法發展史幾乎和法帖刊刻交織在一起，興衰同步，這正如趙孟頫所說：「書法之不喪，此帖之澤也。」〔註49〕

簡單來說，帖學範式大致包含下面幾個方面的內容：

第一，以晉唐以來名家墨蹟、法帖為取法對象的書法藝術群體。

第二，審美風格上受中國傳統儒家的詩教思想影響，強調藝術要文質結合，做到文質彬彬，達到「中和」之美，其中典範就是蒐集於諸刻帖中的大量手箚和王羲之的《蘭亭序》。

第三，技法。可以說，「晉以降筆法傳承，大都宗王。」〔註50〕圍繞著王書形成了一個延續千年的筆法體系，趙孟頫甚至認為：「書法以用筆為上，而結字亦須用工，蓋結字因時相傳，用筆千古不易。」〔註51〕他還認為：「右軍字勢古法一變，其雄秀之氣出於天然，故古今以為師法。」〔註52〕對王書筆法體系極盡推崇之意。以王書為首的名家範例的「中和」審美風格體現在技法形態上，就形成了用筆、結體、章法等一整套技法體系：藏與露、疾與澀、連與斷、主與次、違與和等等。

---

285 頁。

〔註48〕盧攜：《臨池訣》，《歷代書法論文選》，上海書畫出版社 1979 年版，第 293～294 頁。

〔註49〕趙孟頫：《閣帖跋》，《歷代書法論文選續編》，上海書畫出版社 1993 年版，第 183 頁。

〔註50〕叢文俊：《書法史鑒》，上海書畫出版社 2003 年版，第 55 頁。

〔註51〕趙孟頫：《松雪齋書論》，《歷代書法論文選續編》，上海書畫出版社 1993 年版，第 179 頁。

〔註52〕趙孟頫：《松雪齋書論》，《歷代書法論文選續編》，上海書畫出版社 1993 年版，第 179 頁。

於是圍繞著名家法帖典範，形成了以王書風格為中心的帖學範式，取法晉唐以來名家墨蹟、法帖的書藝群體，構成了一整套穩定的書法審美觀念、技法內容、理論體系和形態樣式。上至廟堂下至民間碑匾，無不浸染在這個帖學範式體系中，直到清代碑學範式的興起，這一格局才打破。

五、碑學範式

（一）碑

「碑學範式」來源於金石碑刻文字的書法風格。考之史乘，在遠古「碑」並無刻字，《說文解字》釋曰：「碑，豎石也，從石卑聲。」而據葉昌熾《語石校注》載，碑的最初含義大致有三：其一，指宮寢庠序中庭測日景之石。其二，廟中繫牲之石。其三，墓所下棺之大木，形如碑。〔註53〕因此上古之碑，概有三用：宮中之碑，識日影也；廟中之碑，以繫牲也；墓中之碑，以下棺也。可見，那時碑的含義與我們今天所見並不一樣，碑上並不鐫刻文字。正式以碑刻紀功頌德敘事，始於東漢以後。馬衡在《凡將齋金石叢稿‧中國金石學概要》中說：「碑：用以刻辭，果始自何時？曰，始於東漢之初，而盛於恒、靈之際，觀宋以來之所著錄者可知矣。漢碑之制，首多有穿，穿之外或有暈者，乃墓碑施鹿盧之遺制。其初蓋因墓所引棺之碑而利用之，以述德紀事於其上，其後相習成風，碑遂為刻辭而設。故最初之碑，有穿有暈。題額刻於穿上暈間，偏左偏右，各因其勢，不必皆在正中。碑文則刻於額下，偏於碑石，不皆布滿。魏、晉以後，穿暈漸廢，額必居中，文必布滿，皆其明證也。」〔註54〕劉勰在《文心雕龍‧誄碑第十二》中也曾載：「後漢以來，碑碣雲起。」〔註55〕朱劍心在《金石學‧說石》中載：「至後漢以後，始有碑文；欲求前漢時碑碣，卒不可得。……綜而論之，立碑之例，厥有四端：一曰，述德；一曰，銘功；一曰，紀事；一曰，纂言，即官私文書，古今格論等。」〔註56〕因此我們可以看到，至東漢時，碑的形制已基本定形，延續

〔註53〕葉昌熾著，韓銳校注：《語石校注》，今日中國出版社出版1995年版，第281頁。
〔註54〕馬衡：《凡將齋金石叢稿‧中國金石學概要》，中華書局1977年版，第69頁。
〔註55〕劉勰：《文心雕龍‧誄碑第十二》江蘇教育出版社2006年版，第246頁。
〔註56〕朱劍心：《金石學》，《民國叢書》第五編86卷，上海書店出版社1933年影印

至今，碑的內容從爲死者立傳演變到紀功、述德、公私文書等。明代徐師曾
在《文體明辨》的「碑文」類序言中說：「後漢以來，作者漸盛，故有山川之
碑，有城池之碑，有宮室之碑，有橋道之碑，有壇井之碑，有神廟之碑，有
家廟之碑，有古跡之碑，有風土之碑，有災祥之碑，有功能之碑，有墓道之
碑，有寺觀之碑，有託物之碑。」〔註57〕從這裡可知，碑上所刻文字的內容
涵蓋社會生活的方方面面，主要是述史頌德引導教化，如《後漢書・蔡邕列
傳》說：「邕以經籍去聖久遠，文字多謬，俗儒穿鑿，疑誤後學，熹平四年，
乃與五官中郎將堂谿典，光祿大夫楊賜，諫議大夫馬日磾，議郎張馴、韓說，
太史令單颺等，奏求正定《六經》文字。靈帝許之，邕乃自書丹於碑，使工
鐫刻立於太學門外。於是後儒晚學，咸取正焉。及碑始立，其觀視及摹寫者，
車乘日千餘兩，填塞街陌。」〔註58〕所立的碑版，士人除了可以取正經籍文
字學習典籍之外，還可以觀摹書法，以爲楷則。

在歷史發展過程中出現的其他形式的石刻如碣、表、志、浮圖、幢、柱、
摩崖、造像、井欄等本不是碑，但因都是石上刻字，與碑功能相似，也被人
統稱之爲碑。相沿已久，「碑」漸成爲約定俗成的名字，以至凡石上刻字都可
稱之爲「碑」。在印刷術發明以前，人們曾採用捶拓的技術複製銘刻文字，由
於拓製的對象大多是碑，這類拓片稱拓，簡稱「碑」。

比較碑與刻帖，我們可以發現碑、帖大致有以下幾方面的區別：

第一，製作目的不同。碑主要目的是追述世系、記敘生平、歌功頌德，
　　　而不是傳揚書法，所以書者可以是名家，也可以不是名家。唐以
　　　前的碑碣多不署書者姓名，可以看出碑是重內容而輕書寫的。而
　　　刻帖的目的是爲了傳播書法，是爲書法研習者提供歷代名家法書
　　　的複製品，所以，書法藝術的優劣是帖的選擇標準。

第二，書體不同。碑的歷史悠久，所用書體在隋以前均爲莊重肅穆的正
　　　體字，如小篆、隸書、楷書。直至唐太宗御筆親製，才開始有行
　　　書刻碑。草書刻碑除武則天《昇天太子碑》外很少有。但刻帖以
　　　行草手箚和小楷居多。

第三，形制不同。碑是豎立在地面上的石刻，多數是長方形，也有圓頂、

　　　版，第172～173頁。
〔註57〕徐師曾著，羅根澤校點：《文體明辨》，文化學社1933，第76頁。
〔註58〕范曄：《後漢書・蔡邕列傳》，中華書局1936年版，第679頁。

尖項，有一面刻字的，也有兩面的，甚至還有四面刻字的。豐碑巨碣動輒丈餘高，碑陰碑陽，氣勢宏偉。刻帖因為多取材於簡簡書信、手卷，故高度一般在一尺上下，長則一尺至三四尺不等，呈橫式。

第四，製作方法不同。南朝梁以前，碑一般是書丹上石，即由書寫者用朱筆直接把字寫在磨平的碑石上，再經鐫刻。刻碑者往往可以因循刀法的方便而使字的筆畫有風格上的變化，即與原書丹之字略有出入。而刻帖都是摹勒上石，就是先將墨蹟雙鈎摹下來，然後用朱色從背面依字勾勒；再拓印上石，鐫刻於上，再槌拓。刻碑和刻帖，多次槌拓致筆畫線條模糊是一樣的。

「碑」的設置原為實用，它是原始文物，學者可以據以考證和辨古研究古代社會思想、風俗、文化等。到了清代乾嘉時期，學者除了考辨史實掌故，還引為書法的學習模對象，從而形成了一個取法漢、魏、南北朝碑版石刻的書法創作流派，即以碑為範的書法風格流派，這改變了中國傳統書法帖學一統天下的格局，擴大了傳統書法形態的範圍和邊界。

（二）碑學範式

碑學範式的形成，與帖學的衰微有著直接關係。正如庫恩所說：「當範式發展到一定的程度，範式變得日益僵化，在其體系之中已經不能去解釋新出現的反常，就出現危機，從而新的範式應運而生。」〔註 59〕帖學範式的危機首先出現在明末建立在「心學」基礎上的晚明書風，它打破了幾千年以來書法「中和」之美的評價標準以及技法體系，意味著帖學範式審美標準體系的瓦解。隨著清代學術轉型而出現的考據之風的興起，大量金石碑版被挖掘發現，這些碑版的發現改變了文人士大夫對於上古碑刻書法歷史的認識，由此帖學的獨尊地位開始受到質疑。他們從出土的碑版、金石、鍾鼎書法中取法，從而復興了篆、隸書體，在清代形成以篆、隸為取法對象的書藝群體，古拙、質樸、雄強成為士人新的精神寫照，出現了像鄧石如、伊秉綬等這樣的碑學書家的經典範例，引導了一代書法風尚。這些書法形態都是不能納入到以魏晉二王手箚基礎上的帖學範式體系之內的。最後在碑學理論家阮元的《南北

〔註59〕〔美〕托馬斯・庫恩著，金吾倫等譯：《科學革命的結構》，北京大學出版社2006 年版，第 44 頁。

書派論》、《北碑南帖論》，包世臣的《藝舟雙楫》、康有爲的《廣藝舟雙楫》「尊碑抑帖」的宣言中，從理論上宣告了碑學書法藝術範式的確立，形成了以碑刻書法爲取法對象的書法藝術「共同體」。「碑學大播，三尺之童，十室之社，莫不口北碑，寫魏體，蓋俗尚成矣。」〔註60〕

　　因此套用庫恩的「範式」理論，清代碑學範式大致包含以下幾個方面的內容：

　　　第一，以漢、魏、南北朝碑版書法爲取法對象，並在此基礎上復興了篆隸書體，形成了一個以碑版刻石書跡爲取法對象的書家「共同體」，建立起了一整套碑刻書法的史觀以及審美評價體系。

　　　第二，確立了以北碑爲中心的碑版書法的經典，以及清代碑學書家的典範，其中以鄧石如、伊秉綬爲代表。

　　　第三，審美風格。一改「中和」審美風格，轉爲雄強、陽剛之美，厚重、雄強、崇高、古樸成爲其追求的精神意趣。技法體系從帖學行楷尺牘的執筆、運筆、章法，變爲金石碑版篆隸書體的技法體系。

　　比較帖學範式與碑學範式的內容可見，帖學到碑學範式的轉變，與其說是一種新的書法風格樣式的誕生，毋寧說是對一千多年來建立在帖學範式基礎上的書法文化傳統的背離。正如黃惇所言：「金農以後的碑派，實際上正像金農那樣以捨棄『二王』系統的文人書法傳統爲代價的，並同時從碑版、金石和非文人書家的民間書法中開掘了另一傳統。」〔註61〕因爲當把書法取法對象從名家法帖轉向非名家的碑刻書法的時候，傳統經典法帖就不再是惟一的學書範本和資源。新的表現形態和取法對象的出現，意味著書法藝術觀念的分化和傳統書法評價體系原則的改變，進而意味著對建立在帖學範式基礎上的書法文化生態的變更，與此同時書法的功用、書法的表現形式、書家的審美觀念也都隨著發生了巨大變化，而這無不與清代士人的心態、社會、政治有著直接關係。

　　因此本書從「範式」的角度來切入清代碑學，圍繞清代碑學興起的社會政治文化氛圍、文人士大夫的心態、清代學術的轉型來展開論述，圍繞清代碑學書家群體的形成，來分析清代碑學範式的構成；圍繞書法藝術觀念、審

〔註60〕康有爲：《尊碑篇》，《廣藝舟雙楫》，北京圖書館出版社2004年版，第37頁。
〔註61〕黃惇：《漢碑與清代前碑派》，《中國碑帖與書法國際研討會論文集》，香港中文大學文物館2001版，第299頁。

美風格以及技法風格的特點和內容，來彰顯碑學在書法史中的範式變革意義及其對傳統書法文化的衝擊。最終梳理出一個明晰的清代碑學興起與發展的邏輯線索，以期給清代碑學探尋一個新的研究向度，從而拓寬清代碑學的研究視野。

本書的研究思路如下：

第一章　論述清代碑學範式興起的內在因素。首先分析晚明帖學衰微所導致的傳統臨書觀念的變化和經典法帖權威的喪失，然後指出明末以來傳統書法審美風格的變化和清代碑學先聲的出現。

第二章　分析清代碑學範式興起的外在因素。分析清代士人所處的政治外部環境——清代帝王書法喜好、館閣書風，對碑學的影響，論述清代學術轉型——乾嘉學派的興起、金石考證興盛、清代士人「職業化」趨勢，對清代士人知識結構以及書法觀念的影響。

第三章　論述清代碑學書風的興起與發展的各個階段的特點，勾勒清代碑學書風的整體輪廓，闡釋清代碑學範式的典範範例——鄧石如和伊秉綬。

第四章　論述清代碑學範式的理論形態。圍繞阮元、包世臣、康有為的書法理論，來解析清代碑學範式的書法藝術觀念、審美風格和技法規則的理論構成。

第五章　分析清代帖學範式到碑學範式轉換所導致的中國書法藝術觀念、審美風格和技法規則變化的內容。

結語：對使用「範式」進行清代碑學的研究，進行學理上的反思和說明。

第一章　碑學範式興起的內在因素

「現在規則的失效，正是尋找新規則的前奏」。〔註1〕——庫恩

可以說，任何一個新的範式從形成到確立都不會一蹴即就，它一般要通過對原有範式的質疑、對新範式的探討、得到共同體的廣泛認同並基本達成一致來實現。書法「藝術界」對傳統書法範式的質疑可上溯到明代中晚期，此時士人受到心學影響，追求本真的書藝表現，風格與形制已超出帖學範式「中和」之美的範疇，轉而追求醜、奇、拙、樸的審美風尚。而宋以來的名家法帖經過歷代輾轉翻刻，筆畫線條失真，章法布局呆滯，加上缺乏情感的表現，因而很難承載晚明士人追求至真、至情的內心情懷。帖學發展至晚明已越來越走向僵化。此時人們開始從法帖亦步亦趨的臨習中加入自己的意、趣、情來增加法帖的情趣意境，來表現自己的內心情感，並從碑刻書法的雄強、遒勁、醜拙、質樸的風格中獲取創作靈感。與此同時士大夫們開始對法帖的權威性進行質疑，出現了一批對傳統帖學進行變革的書家，這些都在預示著帖學範式的衰微以及碑學範式的即將出現。正如庫恩所說：「導致範式改變的反常必須對現存的知識體系的核心提出挑戰。」〔註2〕

一、明末書風的影響——審美觀念的變化

將清代碑學的興起追溯到晚明傳統帖學的變革，其根本原因在於，碑派

〔註1〕 〔美〕托馬斯‧庫恩，金吾倫等譯：《科學革命的結構》，北京大學出版社2006年版，第62頁。

〔註2〕 〔美〕托馬斯‧庫恩，金吾倫等譯：《科學革命的結構》，北京大學出版社2006年版，第60頁。

書法的審美風格諸如質樸、遒勁、厚重、雄強、醜拙等，都和晚明帖學變革
又著或隱或顯的關係，因而晚明帖學改革者如徐渭、晚明四子、傅山和王鐸
等的書法審美理念和創作變化對清代碑學的形成和興盛有著直接的影響。

從晚明帖學改革者的書法作品中我們很容易看出，這些書法作品無論是
在筆法、墨法、線條，還是在結體、章法、表現形式以及審美取向都發生了
巨大變化。很突出的一點就是在表現形式上，長篇巨製代替了傳統文人雅士
的案頭尺牘。其他如筆法的跳躍靈動、墨法的濃淡枯濕、結體章法的奇絕險
勁等等，也已完全打破了趨於僵化的傳統二王典雅妍美模式，呈現出非常強
烈的書家個性特徵和創造狀態。

這些書法作品形式上的巨變很大程度上源自於創作書家的審美理念的轉
變，而引起這些轉變的則是書家個體藝術價值追求的改變。沈語冰先生在《歷
代名帖風格賞評》中談到晚明書風時這樣說道：「中國古典書法美學不再以盡
善盡美的儒學道統為念，也不再以溫柔敦厚的儒家中和之美為尚，書法藝術
的道──藝模式一旦打破，鋪張揚厲、抒情寫意的藝術才得到了用武之地。」
〔註3〕

我們只要深入考察晚明時期的書法形態，就會發現，書家的這一變化與
晚明社會政治的變遷、士人階層的精神變化，尤其與陽明心學的影響有著密
切的關係。

（一）陽明心學與書法形變

明代中晚期，由於科考八股的繁瑣僵化，朱子理學的「尊經貶子」、「歷
抑人性」等弊端的日益顯現，士人與朝廷之間的矛盾日趨尖銳，再加上市民
階層興起所帶來的種種文化上的嬗變，士大夫的價值觀念發生了巨大變化。
正是在此種背景下，王陽明在孟子學說的基礎上，重建了一套完備的心學體
系，把價值標準的體系拉回到自身的精神人格力量上來以回應以上種種變
化。

正德十六年，王陽明提出「致良知」學說。他的學說建立在孟子學說的
基礎上，將朱熹的向外求理轉為內求良知，讓人認識到自身的價值。他提出，
良知是萬事萬物的根據，是道德的本源，是人人都有的一種自然本性，人皆

〔註3〕 沈語冰：《歷代名帖風格賞評》，中國美術學院出版社 1999 年版，第 63 頁。

可以做到。正所謂，「良知之在人心，不但聖賢，雖常人亦無不如此。」〔註4〕致良知，也就是回到自己內心的本然狀態。因此，對士人來說，良知，既是個體人格精神錘煉要實現的目標，也是個體擺脫外在束縛、保持自身道德理想、達到高尚境界的方式。

王陽明所宣揚的良知說對明代士人的價值取向影響巨大。王畿曾說：「陽明先師倡明聖學，以良知之說覺天下，天下靡然從之。」〔註5〕它表明明代士人開始擺脫長期以來在封建朝廷政治中的從屬地位，轉而向具有獨立自主精神的士人的轉變，它不僅喚醒了士人自覺的道德意識，而且還增強了士人的主體意識。從此，士人們不管是在精神力量上還在生存空間上都大大拓展了。「士人懷抱自我內心的良知，進可以救世濟民，擔當政治責任，退可以講學論道，感發人心，振作士氣，始終令自己的生命歷程在致道的不懈追求中自強不息，從而在根本上實現了一個時代士人的價值位移。」〔註6〕

表現在藝術領域，受陽明心學影響，傳統「溫潤敦厚」、「文質彬彬」的審美形式已不再適應文人的審美需要，他們需要有新的藝術形式來表現內在的精神品格、道德信仰以及其對現實的批判和對崇高理想的追求。表現在書法領域，則是傳統二王帖學的那種恬淡平和、舒緩飄逸、姿媚雅致的案頭尺牘，已經很難表達他們的審美追求和情感經驗流露。他們在新的審美願望和強烈內心情感的帶動下大膽突破前人，創造出新的個人風格面貌，從而最大限度的發揮了書法作為藝術的表現功能。因此不管是在書法的筆法、結體、章法還是在表現形式上，也不管是行書還是草書，都淋漓盡致地展現了個體書家的靈性才情、精神風貌和個性意趣。

用筆上，交替使用中鋒和側鋒。當中鋒的圓渾勁健和側鋒的爽利方折在綿延的時空中快速展開的時候，一種對比強烈、激蕩起伏的勢態和節奏也展露無疑。像徐渭的行筆澀勁、拙樸奇巧；黃道周的奔放灑脫、生澀拙拗，王覺斯的雄暢奇肆、樸厚沈勁等，都是傳統二王帖學書風難以企及的。結體上，則完全打破了二王的姿媚秀美、典雅端莊，取而代之的是奇險生拙、變形誇

〔註4〕 王陽明：《語錄二》，《王陽明全集》，上海古籍出版社1992年版，第69頁。

〔註5〕 《重刻陽明先生文錄後語》，《王陽明全集》卷四十一，上海古籍出版社1992年版，第278頁。

〔註6〕 周睿：《清代書法碑學的發生和建構》，中國人民大學博士論文2005年，第50頁。

張甚至畸醜怪誕，如黃道周的字多重心偏下，形態扁平，字勢險峻峭拔，體態岌岌可危；徐渭的字則體型奇逸，字之重心多居中或稍偏下；而王鐸的字則結體開張，隨著創作時的情感強度造形，不拘一格，可謂神出鬼沒。章法上，則隨性穿插，上下左右虛實置之，行間布白相得益彰，配合巧妙。其中以王鐸的創作最為大膽奇崛，他以自己的用筆，變化二王的體勢，將本不應連接的草字纏繞相續，再參之以造型的俯仰欹側，使整幅作品具有一種大開大合、大起大落的氣勢。載體形式上，傳統的案頭尺牘草稿被廳堂展示的各種大幅、巨幅卷軸所代替，從而大大增強了作品的視覺衝擊力。如目前所知的王鐸的最長作品《五言古詩軸》縱就高達 4.22 米，而另一幅作品《贈張抱一行草書詩軸》（圖 1-1）〔註7〕橫幅則總長達 11.67 米，即使徐渭的《行草應制詠墨軸》（圖 1-2）〔註8〕也縱高達 3.52 米，橫 1.02 米，祝允明的《杜甫詩軸》（圖 1-3）〔註9〕縱高 3.64 米，橫 1.11 米。如此恢弘巨製，真可以說是前無古人，為明代書法史寫下了最為壯觀的一頁。

圖 1-1

〔明〕王鐸，《贈張抱一行草書詩卷》（局部）

〔註7〕圖 1-1〔明〕王鐸：《贈張抱一行草書詩卷》，《王鐸書法全集》卷一，河南美術出版社 2003 年版，第 162 頁。

〔註8〕圖 1-2〔明〕徐渭：《行草應制詠墨軸》，《徐渭墨蹟大觀》，上海人民美術出版社 2000 年版，第 57 頁。

〔註9〕圖 1-3〔明〕祝允明：《杜甫詩軸》，《中國書法全集·祝允明卷》，榮寶齋出版社 1993 年版，第 26 頁。

圖 1-2

圖 1-3

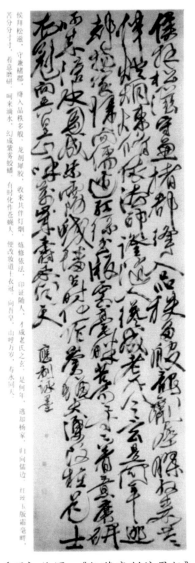

〔明〕徐渭，《行草應制詠墨軸》

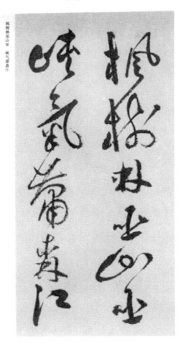

〔明〕祝允明，《杜甫詩軸》

　　總之，在這些書家酣暢淋漓的開拓與創造中，我們體驗到的是一種高亢磅礡、氣勢奔騰的生命境界，這既是晚明士人在陽明心學影響下的自我心性的自然流露，更是傳統儒家知識份子堅貞峻烈的浩然正氣在藝術創造中的深刻體現。

（二）傅山碑學先聲

　　如果說明代心學興起導致「清談誤國」而受到批評的話，那心學所塑造的道德理想以及對人格精神力量的高揚，則成為此後士人固守自身精神和道德的一種力量源泉。傅山就是其中的典型代表。他生長明清移代之時，入清後歸隱，拒不出仕。作為遺民的傅山為人耿直，性格剛烈倔強，不論為人處事還是研究學問、創作書畫都表現出了孤傲不群的性格。他對書法的追求和實踐正是建立在人格的完善之上的。他認為，書法的關鍵不僅在於字的造型和筆力，更是在於人的精神骨氣，而這種骨氣的產生、壯大源於對人格的培育和提升。他曾在《作字示兒孫》詩中寫道：「作字先作人，人奇字自古。綱常叛周孔，筆墨不可補。誠懸有至論，筆力不專主。一臂加五指，乾卦六爻睹。誰為用九者，心與腕是取。永真溯羲文，不易柳公語。未習魯公書，先觀魯公詁。平原氣在中，毛穎足吞虜。」〔註10〕

　　傅山因為崇尚顏真卿的崇高氣節、孤傲骨氣而對顏真卿書法極為推崇，因為鄙視趙孟頫的人格而否定出於帖學的趙、董。他在自述其學書經歷中這樣批判趙書：「行大薄其為人，痛惡其書淺俗，如徐偃王之無骨，始復宗先人四五世所學之魯公而苦為之。然腕雜矣，不能勁瘦挺拗如先人矣。比之匪人，不亦傷乎！」〔註11〕

　　對書法應建立在人格完善的基礎上這一點，傅山進一步提出了新的書法創作原則和審美理念：「寧拙毋巧，寧醜毋媚，寧支離毋輕滑，寧直率毋安排，足以回臨池既倒之狂瀾矣！」〔註12〕拙與巧、醜與媚、支離與輕滑、直率與安排相對比，矛頭直指明代帖學末流的軟媚風尚。而「醜」的審美理念的提出，更是把晚明以來強調擺脫形式技巧束縛、注重個性情感宣洩的特徵加以理論化的概括，從而使「醜」的審美理念進入到了書法藝術表現的審美視野。一方面，他的這種「醜」的審美取向既擴大了傳統審美的範圍，也反映出新時期書家對於情感和形式表現的新要求。另一方面，他用「醜」來打破「中和」之美的藩籬，無疑也是對帖學流俗軟媚之風的反叛。他試圖通過質樸和真摯的情感投入，開創新的藝術表現形式和審美風尚，以打破明代帖學末流的軟媚風尚。劉熙載《書概》曰：「怪石以醜為美，醜到極處，便是美到極處。

〔註10〕傅山：《作字示兒孫》，《霜紅龕集》卷四，山西人民出版社1985年版，第90～91頁。

〔註11〕傅山：《作字示兒孫》，《霜紅龕集》卷四，山西人民出版社1985年版，第91頁。

〔註12〕傅山：《作字示兒孫》，《霜紅龕集》卷四，山西人民出版社1985年版，第92頁。

一『醜』字中邱壑未易盡言。」〔註13〕

在此理論背景下，傅山認爲，書法要衝破帖學軟媚的書風，達到融彙古今、脫俗高古的意趣境界，就必須從篆、隸開始，他說「不作篆隸，雖學書三萬六千日，終不到是處，昧所從來也，余以隸須宗漢，篆須熟味周、秦以上鳥獸草木之形，始臻上乘。」〔註14〕「不知篆、籀從來，而講字學書法，皆寐也，適發明者一笑。」〔註15〕他甚至認爲鍾繇、王羲之所以成爲正、行、草書大師，正是因爲他們掌握了古時的篆、隸之法。「楷書不知篆隸之變，任意寫到妙境，終是俗格。鍾王之不可測處，全得自阿堵。老夫實實看破地。工夫不能純至耳，故不能得心應手。若其偶得，亦有不減古人之分釐處。及其篆隸得意，眞足籠駭，覺古籀、眞、行、草、隸，本無差別。」〔註16〕在他眼中拙樸的篆、隸雖貌似「醜陋」，然而這種「醜」，生機盎然，經得起看，耐人回味，相比於後來的楷書更是超凡脫俗、無與倫比。「漢隸之妙，拙樸精神。如見一醜人，初見時村野可笑，再視則古怪不俗，細細丁補，風流轉折，不衫不履，似更嫵媚。始覺後世楷法標致，擺列而已。故楷書妙者，亦須悟得隸法，方免俗氣。」〔註17〕「漢隸之不可思議處，只是硬拙，初無布置等當之意，凡偏旁、左右、寬窄、疏密，信手行去，一派天機。」〔註18〕「人不知此法之醜拙古樸也。」〔註19〕篆、隸的這些質樸、硬拙、天趣、古奇的風格正與傅山的審美價值追求相契合，所以向「醜」——「古樸」、「奇逸」、「稚拙」的篆、隸書體，在傅山的審美取向引導下，在清初成爲一股美學潮流，不少書家都參與到其中，如鄭簠、朱彝尊、畢沅等人。篆、隸書體由此也得到了復興，並漸趨煥發出篆、隸書體的新風貌。

傅山的醜、拙「形式觀」擴大了傳統的書法審美維度，開啓了對於篆、隸書體醜、拙的向碑運動，在形式拓展的背後，它的客觀效果是擴大了書法筆墨對人類情感豐富性的表現維面。正如熊秉明先生所說，「是取消了美和醜的對

〔註13〕劉熙載：《書概》，《歷代書法論文選》，上海書畫出版社1979年版，第714頁。

〔註14〕陳玠：《書法偶集》，《書學集成・清代卷》，河北美術出版社2002年版，第53頁。

〔註15〕傅山：《雜記三》，《霜紅龕集》卷三十八，山西人民出版社1985年版，第1058頁。

〔註16〕傅山：《家訓》，《霜紅龕集》卷二十五，山西人民出版社1985年版，第694頁。

〔註17〕傅山：《隸書冊頁題跋》，《傅山的世界——十七世紀中國書法的嬗變》，生活・讀書・新知三聯書局2006年版，第234頁。

〔註18〕傅山：《雜記》，《霜紅龕集》卷三十七，山西人民出版社1985年版，第459頁。

〔註19〕傅山：《雜記》，《霜紅龕集》卷三十七，山西人民出版社1985年版，第459頁。

立，用『個性表現』代替美的標準。……因為在現實裏，殘損壞的、血淚浸蝕著的，同樣能夠，或者更能夠表現生命的本質、個體的歷史。」〔註20〕

實際上，傅山對篆、隸、北碑的倡導不僅只是為清代碑學書法提供嶄新的審美取向——醜拙，他更為以後的碑學理論家如阮元、包世臣等得以深入展開系統的碑學理論闡述作了先導，正如陳振濂所說：「我們首先應把傅山的「拙」的思想看作是一個審美觀轉變的契機。誠如前述，在反對暮氣沉沉的帖學末流這一點上，傅山與阮元、包世臣是同一條陣線。我曾指傅山是阮元的前導——即使傅山對於篆隸書並不具有中後期那些大家的輝煌成就也罷。不但在反對帖學末流上他是前導；即他提出的拙、醜、支離、直率的審美標準，相對於帖學的巧、媚、輕滑、安排來說是驚世駭俗，但遍檢清代篆隸北碑書風，不也正是在實踐傅山的上述審美理想嗎？伊秉綬的拙、何紹基的醜（不媚）、以及所謂金石氣、古樸氣（反巧媚、反安排、反輕滑），不正是在創作上再現傅山所指出的發展方向麼？由此，我們至少應該承認一點：傅山的審美已成為一代風尚，只不過這種效應並未在當時顯示出來，而要等到一百年後的嘉道之間。我們又要承認他們其實是同一系統的前後傳承而已。」〔註21〕

隨著篆、隸書體的復興，清初訪碑、探碑、研碑之風興起。不少漢魏碑刻在清代出土，又為碑學的興盛創造了必要的條件。而傅山所開啟的訪碑寫碑活動和對篆、隸書體的倡導，追本溯源，是以篆、隸書體作為實現對書法的創新。此後的碑學大家如鄧石如、伊秉綬、吳昌碩等篆、隸作品所達到的「重、拙、大」的境界，正是對傅山等大儒所開啟的書法雄強古拙氣象的回應。他們在理論上和書家典型上真正奠基了碑學審美格調和典範之美，形成了規模宏大的以碑為取法對象的書法藝術群體。

二、帖學範式的衰微

與晚明士人心性變化相關的是帖學範式的衰微，法帖的經典地位開始受到質疑。帖學範式自唐以來一千多年，以「二王」為中心建立了一個完整的以名家法帖為承續的書法譜系，形成了穩固的傳承體系、風格技法，然而發展至清，

〔註20〕熊秉明：《中國書法理論體系》，天津教育出版社 2002 年版，第 92 頁。
〔註21〕陳振濂：《從比較學角度論傅山》，《書譜》，香港：書譜出版社 1990 年第一期，第 29 頁。

不僅不能適應新的形式變化，反而法帖的經典權威也受到質疑。首先表現在對法帖的臨寫上，人們不再像前朝那樣對帖學畢恭畢敬、一絲不差的臨摹，開始於其中加入自己的情感和表現，而與此相連的就是借助金石考證開始從筆法、書體風格入手，對法帖古法權威地位進行考辨。法帖刊刻從宋到清幾個世紀的發展，輾轉刊刻所導致的弊病逐漸顯現，筆畫、線條、章法的類同的毛病受到了士人的詬病，法帖的真實性受到了質疑，而這些都直接導致了清代士人對名家法帖所體現出的審美風尚的背離，開始轉向對漢魏碑刻書法的重視、學習、臨摹和創作。本節我們將從三個方面：臨書觀念的變化、書法經典權威的衰微、「文本」經典性的流失，來分析帖學範式的危機。

（一）臨書觀念的變化

　　瀏覽清代書法作品和書學論著時，我們可以發現，臨書觀念在清代已經有了顯著的變化。在大量的清人臨摹古代名家作品中，在臨本與原作之間，總是有某種程度的出入，很少有極其相似者。

　　晚明以前中國傳統的書法學習中，臨摹古代名家作品是學習書法的必經途徑。臨摹對象都是古代名家經典作品，臨書者從亦步亦趨的臨摹中掌握書法藝術的筆墨語言、審美觀念乃至思維觀念。在歷代書論中我們可以看見，歷來論臨書必以「神」與「形」或「意」與「法」為討論重心。而在傳統書法「中和」之美的審美觀念影響下，書跡「神」與「形」、「意」與「法」應做到和諧統一。因此，古之臨帖最高標準是形神兼備，如若形神不能兼備，則得其神韻重於得於形式。「書之妙道，神彩為上，形質次之，兼之者方可紹於古人。」〔註22〕而要達到其神韻的境界，則臨古必須要作到形式上的逼真。「夫臨摹之際，毫髮失真，則神情頓異，所貴詳謹。」〔註23〕「臨帖之法欲肆不得肆，欲謹不得謹；然與其肆也，寧謹。」〔註24〕對於歷代學書者來說，臨摹的對象是古代名家書跡，它們作為經典範例，自身的形態即是評價書藝的標準和尺度，是不可侵犯的典範和標準，除了經典法帖作品外，沒有其他可供參照和評價的標準，「學書一字一筆需從古帖中來，否則無本。」〔註25〕

〔註22〕王僧虔：《筆意贊》，《歷代書法論文選》，上海書畫出版社1979年版，第62頁。
〔註23〕姜夔：《續書譜》，《歷代書法論文選》，上海書畫出版社1979年版，第390頁。
〔註24〕趙孟頫：《松雪齋書論》，《歷代書法論文選續編》，上海書畫出版社1993年版，第179頁。
〔註25〕梁巘：《學書論》，《承晉齋積聞錄》，《書學集成·清代卷》，河北美術出版社

因此不管神、形、意、法，都要盡可能的接近原書，「描搨爲先，傍摹次之。雙鈎映擬，功不可闕。對之仿之，如燈取影；填之補之，如鑒照形；合之符之，如瑞之於瑁也；比而似之，如睨伐柯；察而象之，詳視而默記之，如七十子之學孔子也。」〔註 26〕學書謹詳的精神，可見一斑。如流傳至今的元代趙孟頫臨褚遂良摹《臨蘭亭序》（圖 1-4）〔註 27〕，與範本（圖 1-5）〔註 28〕相比可以見到，此臨作不但與書跡極盡相同，行款也是原樣臨摹，分毫不差。

圖 1-4

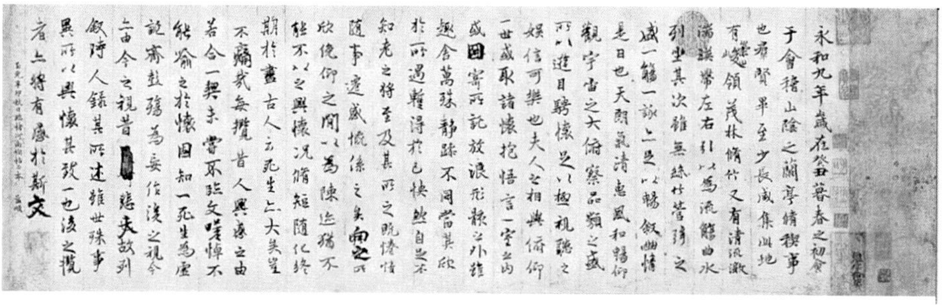

〔元〕趙孟頫，《臨蘭亭序》

圖 1-5

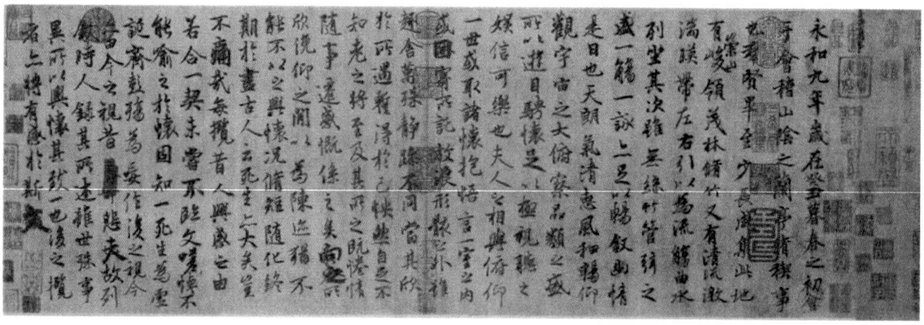

褚遂良，《蘭亭序》摹本

2002 年版，第 280 頁。

〔註 26〕 解縉：《書學詳說》，《春雨雜述》，《歷代書法論文選》，上海書畫出版社 1979 年版，第 499 頁。

〔註 27〕 圖 1-4〔元〕趙孟頫：《臨蘭亭序》，《中國書法全集·趙孟頫卷一》，榮寶齋出版社 2002 年版，第 7 頁。

〔註 28〕 圖 1-5〔唐〕褚遂良：《蘭亭序》摹本，《中國書法全集·褚遂良卷》，榮寶齋出版社 1999 年版，第 10 頁。又見《原色法帖選》第 32 卷，二玄社 1999 年版。

　　然而這種臨古觀念在晚明董其昌、王鐸等書家那裡發生了變化甚至逆轉，此時臨古的態度和目標都與前朝不同。

　　我們從董其昌的《臨顏眞卿爭座位帖》（圖 1-6）〔註 29〕和顏眞卿的《爭座位帖》（圖 1-7）〔註 30〕原作的比較中可以發現，差異極爲明顯。《臨顏眞卿爭座位帖》名爲臨本，實爲董其昌自己的創造發揮。臨摹原作在董其昌這裡，只是自身創作的一個「題材」而已，自身書藝的表現才是重心。董其昌曾在臨《禊帖》後跋中寫到：「余書《蘭亭》，皆以意背臨，未嘗對古刻，一似撫無弦琴者。」〔註 31〕臨古成爲自身的抒懷情感的一種方式。

圖 1-6

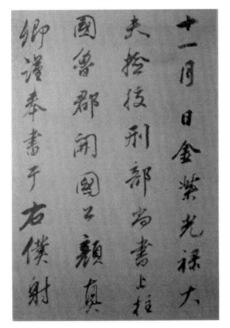

〔明〕董其昌《臨顏眞卿爭座位帖》
局部

圖 1-7

〔唐〕顏眞卿
《爭座位帖》局部

〔註 29〕圖 1-6〔明〕董其昌：《臨顏眞卿爭座位帖》，《中國書法全集・董其昌卷》，榮寶齋出版社 1992 年版，第 144 頁。
〔註 30〕圖 1-7〔唐〕顏眞卿：《爭座位帖》，《中國書法全集・顏眞卿卷一》，榮寶齋出版社 1993 年版，第 108 頁。又見《原色法帖選》第 9 卷，二玄社 1999 年版。
〔註 31〕董其昌：《畫禪室隨筆》卷一，《歷代筆記畫論彙編》，江蘇教育出版社 1996 年版，第 235 頁。

　　再例王鐸臨褚遂良摹本《蘭亭序》（圖 1-8）
〔註 32〕，原本爲行書，王鐸卻以楷書爲之，甚
至加以形體上的變形與誇張。而在王鐸《臨王
獻之、王羲之帖軸》（圖 1-9）〔註 33〕中，甚至
將王獻之《玄度帖》、王羲之《屏風帖》內容進
行雜糅，合爲一帖，並用狂草書之，內容和形
式都發生改變。用白謙愼的話來說，這是晚明
特有的「臆造性臨摹」〔註 34〕，已非傳統意義
「臨摹」所能涵蓋。

圖 1-9

〔明〕王鐸
《臨王獻之、王羲之帖軸》

圖 1-8

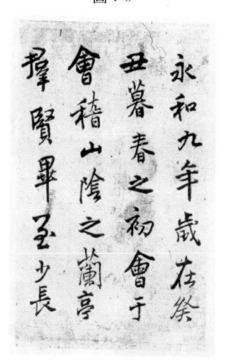

〔明〕王鐸《臨蘭亭序》局部

〔註32〕圖 1-8〔明〕王鐸：《臨蘭亭序》，《王鐸書法全集》卷一，河南美術出版社 2003
　　　　年版，第 50 頁。
〔註33〕圖 1-9〔明〕王鐸：《臨王獻之、王羲之帖軸》，《王鐸書法全集》卷一，河南
　　　　美術出版社 2003 年版，第 19 頁。
〔註34〕白謙愼：《傅山的世界——十七世紀中國書法的嬗變》，生活・讀書・新知三
　　　　聯書店 2006 年版，第 52 頁。

　　而對於清代碑學書家來說，臨摹古代書跡時則更進一步，不僅僅只停留在遺貌取神上，他們還更積極地把自己的用筆、情感、精神注入所臨之古跡。如包世臣的《臨書譜》（圖 1-10）〔註35〕，他用自創的以指用筆的方法，用筆鋒達到其筆畫線條內運轉之勢；趙之謙的《爲覺軒臨鄭僖伯白駒谷題字軸》（圖1-11）〔註36〕則變傾側爲平正，復參以慣用的逆入平出筆法，從原碑中變化出自己的新貌，名爲臨古，實則自己創作。

圖 1-10 　　　　　　　　　　　　　　　　圖 1-11

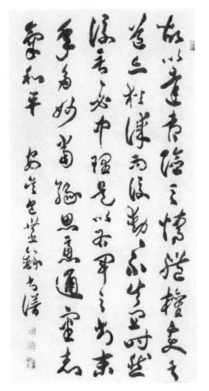

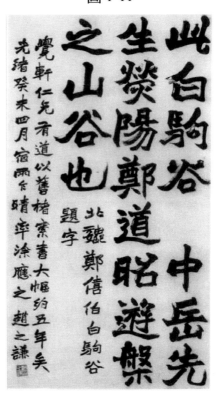

〔清〕包世臣《臨書譜》局部　　　　　　　　〔清〕趙之謙
　　　　　　　　　　　　　　　　　　《爲覺軒臨鄭僖伯白駒谷題字軸》

〔註35〕 圖 1-10〔清〕包世臣：《臨書譜》，《中國書法家全集・阮元、包世臣卷》，河北教育出版社 2003 年版，第 155 頁。
〔註36〕 圖 1-11〔清〕趙之謙：《爲覺軒臨鄭僖伯白駒谷題字軸》，《中國書法全集・趙之謙卷》，榮寶齋出版社 2004 年版，第 7 頁。

　　一個有趣的現象是，如果我們將吳昌碩《臨石鼓文》（圖 1-12）〔註37〕和清初帖學派書家王澍《臨石鼓文》（圖 1-13）〔註38〕並列，則不難看出，臨古的潛力到了晚清已被碑學家們發揮的淋漓盡致。吳昌碩《臨石鼓文》可以說是從「形」到「神」的一個跨越，體現了對自身書藝創作精神的關注，代表了一種新的書法學習觀。臨本與原作之間差異越來越大，臨摹古代書作，在清代碑學家這裡已完全成為自己創作或表現情感的一個部分了，有的碑學家甚至不再從古代名家法帖中取法，名家法帖權威在不知不覺中被降低了。

圖 1-12

〔清〕吳昌碩《臨石鼓文》局部

圖 1-13

〔清〕王澍《臨石鼓文》局部

〔註37〕 圖 1-12〔清〕吳昌碩：《臨石鼓文》，《書跡名品叢刊》第 28 卷，二玄社 2001 年版，第 6 頁。

〔註38〕 圖 1-13〔清〕王澍：《臨石鼓文》，《王澍篆書冊》，上海書畫出版社 2006 年版。

　　正是由於書法審美觀的變化，致使名家法帖的權威性降低。因此，臨摹和取法的對象，在清代碑派書家眼裏，已經從傳統名家經典擴大到其他各種書法資料，包括民間刻石碑版、各種書跡，它們成了更爲廣闊的書法資源。從乾嘉以後，隨著金石考據的興盛，三代、秦漢、北朝的鍾鼎、鏡銘、碑志、造像、摩崖、刻經、買地券等都成爲了碑學書家創作臨摹和取法的對象。可以說在清代，法帖已不再是惟一臨摹和取法的範本和標準了。

　　由於臨摹和取法範圍的擴大，許許多多的碑版書跡被尊爲新的學習書法的範本。康有爲在《廣藝舟雙楫·學敘篇》中，就列出了各種學習碑學所需要的碑刻範本和學習的次序，如「能作《龍門造像》矣，然後學《李仲璇》，以活其氣，旁及《始興王碑》《溫泉頌》以成其形；進爲《皇甫驎》、《李超》、《司馬元興》、《張黑女》以博其趣；《六十人造像》、《楊翬》以雋其體；書駸駸乎有所入矣。於是專學《張猛龍》、《賈思伯》以致其精，得其綿密奇變之意。至是也，習之須極熟，寫之須極多，然後可久而不變也。然後縱之《猛龍碑陰》、《曹子建》以肆其力；竦之《吊比干文》以肅其骨；疏之《石門銘》、《鄭文公》以逸其神，潤之《梁石闕》、《瘞鶴銘》、《敬顯儁》以豐其肉；沈之《朱君山》、《龍藏寺》、《呂望碑》以華其血；古之《嵩高》、《鞠彥雲》以致其樸；雜學諸造像以儘其態；然後舉之《枳陽府君》、《爨龍顏》、《靈廟陰》、《暉福寺》以造其極。學至於是，其幾於成矣！雖然猶未也。上通篆分而知其源，中用隸意以厚其氣，旁涉行草以得其變，下觀諸碑以備其法，流觀漢瓦晉磚而得其奇，浸而淫之，釀而醞之，神而明之。」〔註39〕從這些新的書法範本中，我們可以發現法帖已逐漸被漢魏碑版書作所取代，漢魏碑版書作成爲書家新的取法範本，而正是有了這樣一些碑版範本，碑學書家才能從碑刻書作中博採眾家之長，變化出新，自成一家。

　　至於碑版臨摹之法，也與帖學書家固守一家一帖不同，它主張博採眾取，融彙出新。康有爲在《廣藝舟雙楫》曾談及臨摹碑帖之法及其對於書家的重要意義：「吾聞人能書者，輒言寫歐寫顏，不則言寫某朝某碑，此眞謬說。令天下人終身學書，而無所就者，此說誤之也。至寫歐則專寫一本，寫顏亦專寫一本，欲以終身，此尤謬之尤謬，誤天下學者，在此也。」〔註40〕「若所見博，所臨多，熟古今之體變，通源流之分合，盡得於目，盡存於心，盡應

〔註39〕康有爲：《學敘篇》，《廣藝舟雙楫》，北京圖書館出版社2004年版，第264頁。
〔註40〕康有爲：《購碑篇》，《廣藝舟雙楫》，北京圖書館出版社2004年版，第41頁。

於手，如蜂采花，醞釀久之，變化縱橫，自有成效。斷非枯守一二佳本《蘭亭》、《醴泉》所能知也。」〔註41〕只有廣泛的臨摹各種碑帖，融會貫通，才能形成自身的風格，從而達到「馳思造化古今之故，寓情深鬱豪放之間，象物於飛、潛、動、植、流、峙之奇，以疾澀通八法之則，以陰陽備四時之氣。新理異態，自然佚出」〔註42〕的境界，這也顯示了碑學書家廣收眾取，注重自身精神表現的審美取向。

至此，書家的臨書的觀念、途徑和最終目的都已經發生了根本性的改變，學習書法不再是亦步亦趨的臨摹，而成為書家積極的藝術創作。從碑學家的書法實踐中可以見出，正是在對碑刻、金石的臨摹基礎上，才產生出了大量極具個性的書法創作。對於碑學家來說，取法碑版刻石不僅僅是為了轉變書法的審美追求，表現碑版中篆隸書體的雄強恣肆、古樸厚重的審美風格，更為重要的是，碑學家想通過取法碑版刻石來破除學書外在權威的桎梏，把學書者從外在形式的束縛中解放出來，使個人精神的表現成為書法藝術的核心精神，這既找到了書法史上新的出路，也開啟了近現代書法表現的先聲。

（二）書法經典權威的衰微

從臨書觀念和最終目的的變化中，我們可以看到學書者對法帖經典權威態度的變化：清代書家雖然繼續尊崇古代大師的成就，依然把臨摹古代大師作品作為學習書法的門徑，但他們不再把古代大師視為必須以敬畏之心來對待的偶像，也不再亦步亦趨地追隨。正是這種變化帶來了古代書法經典權威逐步衰弱的景象，使清代書家不再囿於法帖一脈，打開了其自由創作的天地。

下面我們將圍繞作為帖學經典範例王羲之的《蘭亭序》來展開論述，通過分析清代碑學書家對帖學經典範例《蘭亭序》接受態度的變化，來折射清代碑學書法的理論主張、評價標準及風格面貌的變化。因為在接受美學眼裏，分析藝術經典接受和闡釋的變化，折射的是整個時代的趣味和審美風尚的變化，體現出的是整個文化結構對於經典的認識和態度的轉變。

《蘭亭序》自唐太宗推崇王羲之書跡以來，歷代學書者無不以此為楷模而對其推崇備至，學書者也無不以此作為進入書法堂奧的必臨之作。《蘭亭序》的美學風格和用筆技巧是傳統書法的經典範例，大到朝廷典章制度，小到名家碑

〔註41〕康有為：《購碑篇》，《廣藝舟雙楫》，北京圖書館出版社 2004 年版，第 39 頁。
〔註42〕康有為：《綴法篇》，《廣藝舟雙楫》，北京圖書館出版社 2004 年版，第 253 頁。

匾文書，無不以此爲宗，它具有不可撼動的權威，形成了千百年來書法文人學宗《蘭亭序》景觀。「江南書香之家幾乎家置一石，以供子弟臨寫。」〔註43〕可見其典範地位。

　　由於《蘭亭序》原本已不可見，直到北宋名家法帖刻帖的興起，才得使其廣泛傳播開來，歷代的摹搨本、傳刻本、石刻本、臨寫本、僞造本不計其數。元代陶宗儀在《輟耕錄》裏記載宋理宗（1225～1265）內府所藏蘭亭刻本就有 117 種。〔註44〕今人啓功先生在《〈蘭亭帖〉考》裏說：「世傳《蘭亭帖》摹本刻本，多如牛毛，大約說來，不出五類：一、唐人摹搨本。意在存眞，具有複製原本的作用。二、前人臨寫本。出於臨寫，字形行款相同，而細節不求一一吻合。三、定武石刻本。四、傳刻本。傳刻唐摹或覆刻定武，意在複製傳播，非同蓄意作僞。五、僞造本。隨便拼湊，妄加古人題署，或翻刻，或臨搨，任意標題，源流無可據，筆法無足取，百怪千奇，指不勝屈，更無足論了！」〔註45〕版本之多可見一斑。眾多的《蘭亭序》版本，面目都不一樣，而且翻摹甚多，最終導致其筆畫失眞，使眾多書家在王書風格臨習中，走不出其面貌。傅山就曾認爲，傳統帖學的經典《蘭亭序》不過是唐臨絹本，王羲之的眞精神早已在一傳再傳中逐漸靡弱甚至消亡。稱帖學流脈爲「惡道」，聲稱：「有志者，斷不墮此惡道。」〔註46〕並希望有膽有識的同仁，跳出帖學的藩籬，與他一起力矯歷代以來的卑弱媚軟帖學書風，從而振興書法藝術。

　　而作爲清代碑學先聲的鄭燮（1693～1765）在乾隆八年（1743）即他五十一歲時就曾跳出帖學系統範圍之外，用自己獨創的「六分半書」書寫過一件《蘭亭序》（圖1-14）

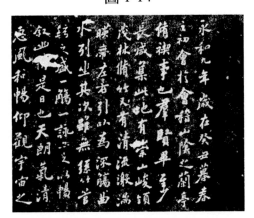

圖 1-14

〔清〕鄭燮，《臨蘭亭》局部

〔註43〕華人德：《評帖學與碑學》，《書法研究》第 69 輯，上海書畫出版社 1996 年版，第 16 頁。

〔註44〕陶宗儀：《南村輟耕錄》卷六，文化藝術出版社 1998 年版，第 76 頁。

〔註45〕啓功：《〈啓功叢稿〉論文卷》，中華書局 1999 年版，第 48 頁。

〔註46〕傅山：《雜記二》，《霜紅龕集》卷三十七，山西人民出版社 1985，第 1044 頁。

〔註47〕。他以一種新的書法表現形式來進行藝術創作，表現自己的個性和開拓進取的精神，來表達自己對書法藝術的新的理解。作品題跋後載：「黃山谷云：『世人只學《蘭亭》面，欲換凡骨無金丹。』可知骨不可凡，面不足學也，況《蘭亭》之面失之已久乎！板橋道人以中郎之體，運太傅之筆，爲右軍之書，而實出以己意，並無所謂蔡、鍾、王者，豈復有《蘭亭》面貌乎！古人書法入神超妙，而石刻木刻千翻萬變，遺意蕩然，若復依樣葫蘆，才子俱歸惡道。故作此破格書以警來學。即以請教當代名公亦無不可。乾隆八年七月十八日興化鄭燮並記。」〔註48〕鄭燮不僅指出了由於《蘭亭序》由於翻刻，導致其面目喪失的問題，而且用自創的書體，指出了書法創作要有自身面貌的追求。其後金農曾自作詩：「會稽內史負俗姿，字學荒疏笑騁馳。恥向書家作奴婢，華山片石是吾師。」〔註49〕這既對以王羲之爲首的名家法帖典範的權威性進行質疑和否定，同時也提出了要有自己面貌的學書主張。

除了對《蘭亭序》風格的質疑之外，乾嘉以來，由於日益增多的漢晉南北朝碑版、墓誌、造像、磚文等書跡材料的被發現和傳播，一些學者在「疑古求眞」的基礎上，開始利用這些材料來重新認識書法發展演變的歷史，從學術和考古上挑戰佔據帖學典範地位的《蘭亭序》。其中阮元可以說是古來否定《蘭亭序》爲王羲之書的第一人。

作爲清代著名學者、乾嘉學派代表人物的阮元，在其《揅經室集》中收有一則題跋，公開質疑《蘭亭序》爲王羲之的書跡。「此磚（指晉永和泰元磚）新出於湖州古塚中，近在《蘭亭》前後十數年。此種字體，乃東晉時民間通用之體。墓人爲壙，匠人寫坯，尚皆如此，可見爾時民間尚有篆、隸遺意，何嘗似羲、獻之體？」〔註50〕

其後，阮元在《揅經室續集》中又進一步指出：「王著所摹晉帖，余舊守『無徵不從』之例，而心折於晉宋之磚，爲其下眞跡一等，古人不我欺也。試審此冊內永和三、六、八、九、十年各磚隸體，乃造坯世俗工人所寫，何

〔註47〕 圖 1-14〔清〕鄭燮：《鄭燮王羲之蘭亭序集六分半書並識刻帖》，《中國書法全集·金農、鄭燮卷》，榮寶齋出版社 1997 年版，第 178～179 頁

〔註48〕《鄭板橋集》，上海古籍出版社 1979 年版，第 175 頁。

〔註49〕 金農：《魯中雜詩》八首之一，自書稿本墨蹟，轉自黃惇《漢碑與清代前碑派》，載於《中國碑帖與書法國際研討會論文集》，香港中文大學文物館 2001 年版，第 299 頁。

〔註50〕 阮元：《晉永和泰元磚字拓本跋》，《揅經室集》集三卷一，中華書局 1993 年版，第 602～603 頁。

古雅若此。目『永和九年』反文隸字尤為奇石。永和六年王氏墓，當是羲之
之族，何與《蘭亭》決不相類耶？」〔註51〕

　　而在道光六年（1826年）阮元任雲貴總督期間為金陵甘氏跋「永和右軍」
磚文拓本時，以晉時磚銘通行字體與《蘭亭序》字體不相符為由，明確否定
王羲之書《蘭亭序》：「余固疑世傳王右軍書帖為唐人改鈎、偽託，即《蘭亭》
亦未可委心，何況其餘，曾以晉磚為證，人多不以為然。貴耳賤目，良可浩
歎。頃從金陵甘氏得『永和右軍』四字晉磚拓本，純乎隸體，尚帶篆意，距
楷尚遠。此為彼時造磚者所書，可見東晉世間字體大類如此。唐太宗所得《蘭
亭序》，恐是梁、陳時人所書。歐、褚二本直是以唐人書法錄晉人文章耳。」
〔註52〕

　　用我們今天的眼光來看，不管阮元的立論能否站得住腳，以阮元為官三
朝以及其下幕僚學者對《蘭亭序》法書真實性的否定，在當時確實影響了一
些學者和書家。趙之謙就在《章安雜說》中說：「安吳包慎伯言，曾見南唐拓
本《東方先生畫贊》、《洛神賦》，筆筆皆同漢隸。然則近世所傳二王書可知矣！
重二王書始唐太宗，今太宗御書碑具在，以印世上二王書無少異，謂太宗書
即二王書可也。要知當日太宗重二王，群臣戴太宗，模勒之事，成於迎合，
遂令數百年書家奉為祖者，先失卻本來面目，而後八千萬眼孔竟受此一片塵
沙所眯，甚足惜也。此論實千載萬世莫敢出口者，姑妄言之。阮文達言，書
以唐人為極，二王書唐人模勒，亦不足貴，與余意異而同。」〔註53〕他認為
唐時為迎合太宗喜好，二王書跡乃是群臣模勒而成，已經失去本來面目，從
而否定了流傳至今的二王之書的可信性。

　　其時，與趙之謙交往的李文田則更為徹底，不僅認定《蘭亭序》書法不
可信，連文章也否認是王羲之所寫，他在汪中舊藏《宋拓定武蘭亭》後跋：
「《定武石刻》未必晉人書。以今所見晉碑，皆未能有此一種筆意，此南朝
梁陳以後之跡也。按《世說新語·企羨篇》劉孝標注引王右軍此文，稱曰《臨
河序》。今無其題目，則唐以後所見之《蘭亭》非梁以前《蘭亭》也。可疑
一也。《世說》云人以右軍《蘭亭》擬石季倫《金谷》，右軍甚有欣色。是序
文本擬《金谷序》也。今考《金谷序》文甚短，與《世說》注所引《臨河序》

〔註51〕阮元：《毗陵呂氏古磚文字拓本跋》，《揅經室續集》卷三，上海商務印書館1936
　　　　　年版，第121頁。
〔註52〕《蘭亭論辨》宗白華所引甘熙《白下瑣言》，文物出版社1977年版，第46頁。
〔註53〕趙之謙：《章安雜說》，上海人民美術出版社1989年版，第2～3頁。

篇幅相應。而《定武本》自『夫人之相與』以下多無數字。此必隋唐間人知晉人喜述老莊而妄增之。不知其與《金谷序》不相合也。可疑二也。即謂《世說》注所引或經刪節，原不能比照右軍文集之詳，然『錄其所述』之下，《世說》注多四十二字。注家有刪節右軍文集之理，無增添右軍文集之理。此又其與右軍本集不相應之確證也。可疑三也。有此三疑，則梁以前之《蘭亭》與唐以後之《蘭亭》，文尚難信，何有於字！且古稱右軍善書，曰『龍跳天門，虎臥鳳闕』，曰『銀鉤鐵畫』。故世無右軍之書則已，苟或有之，必其與《爨寶子》、《爨龍顏》相近而後可。以東晉前書與漢魏隸書相似。時代為之，不得作梁陳以後體也。然則《定武》雖佳，蓋足以與昭陵諸碑伯仲而已。隋唐間之佳書，不必右軍筆也。」〔註54〕他從書法風格以及史料鉤沈方面，認為作為帖學典範的王羲之《蘭亭序》從文章到書法都不是出自王羲之之手，而是梁陳至唐初的偽作。李文田的這段題跋，可以說是清代懷疑和否定《蘭亭序》可信性觀點的一個高峰。

正是在對於《蘭亭序》書法風格的質疑中，以二王為主的傳統名家法帖在碑學書家心目中遠不如以前那樣神聖，一些碑學家開始在《蘭亭序》的臨寫中加入了碑學的筆意，如何紹基的《臨蘭亭序》（圖1-15）〔註55〕。有的甚至從碑學史觀出發，把《蘭亭序》也納入到碑學歷史的範疇中來做解釋。如包世臣對王羲之書法的理解和闡釋就完全不同於傳統，認為「右軍真、行、草法皆出漢分」，「《蘭亭》神理，在似奇反正，若斷還連八字。」認為魏碑中「《李仲璿》、《敬顯雋》別成一種，與右軍致相近，在永師《千文》之右」，又在論書絕句自注中說：「《書評》謂右軍字勢雄強，此（《龍藏寺碑》）其庶幾。若如《閣帖》所刻，絕

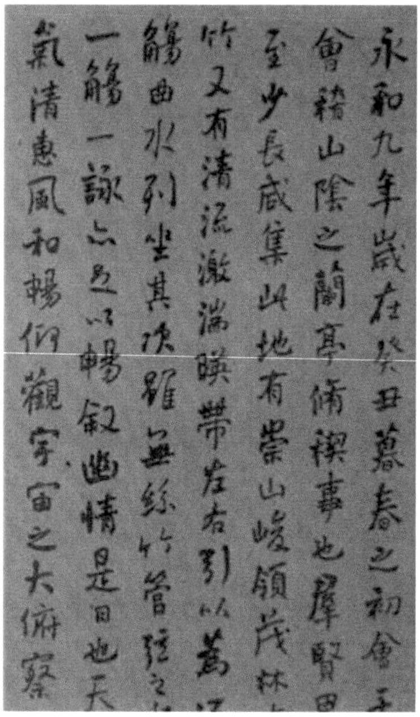

圖 1-15

〔清〕何紹基，《臨蘭亭序》

〔註54〕《蘭亭論辯》，文物出版社 1977 年版，第 11 頁。
〔註55〕圖 1-15〔清〕何紹基：《臨蘭亭序》，《中國書法家全集·何紹基卷》，河北教育出版社 2002 年版，第 145 頁。

不見雄強之妙，即定武《蘭亭》，亦未稱也。」〔註56〕把王羲之書納入碑學理論範疇之內，甚至將漢隸、魏碑與王羲之書法視爲一脈相承，正是通過對《蘭亭序》的碑學淵源的發掘來強調和樹立碑學的重要性和權威性。白謙愼在分析清代帖學經典權威的衰微帶來兩個結果時說：「第一，書法家開始在更大的程度上偏離自古以來爲書家所信奉的經典。他們不甘被動地接受偉大而且深厚的傳統，而是更爲積極地從事創造性的闡釋。第二，古代名家經典的衰微還意味著，書法家的創作不再拘泥於經典，還可能對以二王爲中心的名家譜系以外的書法資源予以關注。正如我們所看到的那樣，有清一代，出自古代無名氏之手的金石文字，成爲書法藝術革新的重要資源。」〔註57〕

　　由此可見，清代對王羲之及其《蘭亭序》風格和眞實性的質疑與否定，與清代的審美風格變化有關，而作爲帖學典範作品的接受評價原則發生了變化，也就意味著新的審美風尙的興起。因爲那些以王羲之及其《蘭亭序》爲取法典範的歷代書家，自然也不再受到書家的青睞。此時，在名家法帖的約束解除以後，碑學書家開始在帖學系統之外開創另一套以北碑爲中心的書法體系。清代大量出土的漢魏晉南北朝碑版、墓誌、磚文書跡，使厭倦了趣味雷同的法帖書家，轉而取法面目新奇的北朝碑刻，更使論書者通過這些材料來重新審視傳統的理論主張。因此，利用新出土的碑刻書跡來重新解釋晉唐書法的發展演變脈絡，便成爲阮元、包世臣、康有爲碑學理論產生及確立的基礎。從這個意義上說，對《蘭亭序》的懷疑和否定，既是尊碑抑帖主張的必然結果，也是持碑學書法史觀者爲使碑學理論更具合理性並獲得認可接受而提出的依據之一。

（三）「文本」經典性的流失

　　與臨書觀念、目的的變化以及名家法帖權威的衰微相連，法帖輾轉翻刻也是碑學書家攻擊帖學範式的另一個著力點。碑學書家認爲名家法帖輾轉翻刻，筆畫、線條已經模糊，已經失去其眞實面貌，古法已失，不能作爲取法的範本。

　　法帖一詞起源於北宋初年〔註58〕，據秦觀（少游）《法帖通解》序：「法

〔註56〕包世臣：《論書十二絕句》，《藝舟雙楫》，北京圖書館出版社2004年版，第81頁。
〔註57〕白謙愼：《傅山的世界——十七世紀中國書法的嬗變》，生活·讀書·新知三聯書店2006年版，第59頁。
〔註58〕「北宋初年，出現了「法帖」一詞，這時的「法帖」，專指《淳化閣帖》，是

帖者，太宗皇帝時，遣使購摹前代法書，集爲十卷，刻於木版，藏之業中，大臣初登二府者，詔以一本賜之，其後不復賜，世號法帖。」〔註59〕這裡秦觀所指的法帖就是《淳化閣帖》。《淳化閣帖》共十卷，卷一爲歷代帝王法帖，收漢章帝、兩晉南朝諸帝、唐太宗、高宗以及晉文孝王司馬道子、陳長沙王陳叔慎、永陽王陳伯智等十九人五十帖；卷二至卷四爲歷代名臣法帖，收漢張芝至唐薄紹之、柳公權等六十七人一百十三帖；卷五爲諸家古法帖，收倉頡至唐懷素等十三人二十三帖（包括所傳古法帖）；卷六至卷八收王羲之法帖一百六十種；卷九卷十收王獻之法帖七十三種。其中二王占去了大半，之後就是宗二王的歐、虞、褚、薛、柳等名家，與二王風格相異者以及秦篆、漢隸、狂草作品都較少收錄，這就從範圍上確立二王的經典地位。歷代學習書法的無不取法於此帖，此後，刻帖之風興起，並在此基礎上輾轉傳摹翻刻，不可勝數。

當然隨著刻帖之風興起，除《淳化閣帖》外，陸續還出現了一些其他的刻帖，「法帖」一詞逐漸也不再專指《淳化閣帖》，而是泛指所有的刻帖〔註60〕。由此可知，法帖是古代複製名家法書墨蹟，給廣大學書者提供的範本。

在古代，法書墨蹟的複製之法大概有三種，即臨、搨、拓。臨，「謂以紙在古帖法書之旁，觀其形勢而學之。」〔註61〕也就是指對照原本進行臨寫。搨，古代也稱摹，或摹搨，「謂以薄油紙覆古帖法書之上，隨其大小輕重而搨之。若模畫之摹，故謂之摹。」〔註62〕是複製書帖的獨特技藝。它以雙勾廓填爲基本方法，在此基礎上，又有響搨〔註63〕與硬黃勾摹〔註64〕等區別。其

《淳化閣帖》的專用名稱。」（馬玉蘭：《宋代法帖研究》，首都師範大學博士論文 2003 年，第 10 頁）。

〔註59〕轉引自廖新田：《清代碑學書法研究》，臺灣師範大學美術研究所碩士論文 1992 年，第 81 頁。

〔註60〕宋以前所說的帖，一般指法書墨蹟，而宋以後所說的法帖，一般指刻本，即將之前的法書墨蹟摹刻於石或木以後經過模拓形成的墨本文字，即所謂的拓本、墨本、石本、刻本、紙本等。因此，爲了更加明確的體現法帖的這一特性，後人也經常稱「法帖」爲「刻帖」。

〔註61〕〔清〕卞永譽：《又論臨摹二法》，《式古堂書畫彙考》，臺灣商務印書館文淵閣四庫全書第 827 冊，第 95 頁。

〔註62〕同上。

〔註63〕以紙緊貼於明亮的窗上，面對光亮，可以用細密而薄、質地良好的紙摹寫，叫做響搨。（《書法研究》，《法書的複本與僞跡》第 18 輯，上海書畫出版社 1984 年，第 94 頁。）

〔註64〕「硬黃」：書畫臨摹用紙，以黃蠟在紙面塗勻，則紙瑩徹透明如角，覆其下者

複製品稱搨本、摹本。拓，則是用拓的方法複製碑石或青銅器上的文字或圖紋，其複製品稱拓片、拓本。從宋代起流行的刻帖是把書寫的作品照其輪廓勾摹在紙上，然後再把勾摹所得的線條轉移到木板上或石面上，再對照原作進行鐫刻，以求在鐫刻中盡可能表現出筆畫的感覺，最後再以紙覆在鐫刻好的石面或木板上以墨捶拓出，也稱之為拓帖。因此在法帖複製過程中，如臨寫，需視臨者本人的書法水準而定，所以臨本的成功率最低，無法普遍推廣。而摹寫、雙鉤廓塡、響搨，雖然盡力做到與眞跡相仿，畢竟很難得其精神。而經由法帖、上石木所得的拓本，則又相差太大了。「凡摹眞跡入木石者，有五重障：雙鉤一，塡朱二，印朱入木石三，刻四，拓出五。若重摹碑便有十重障矣，眞意存者與有幾？」〔註65〕可見，刻帖製作要經歷五個環節，而這就意味著其與原作相比就有五重障礙，如果再將拓片重新翻刻，與原作相比就得有十重障礙了。因此可以想見，在原作與拓片之間線條粗細、墨色濃淡、章法欹側的懸殊差異了。

從法帖輾轉翻刻的事實考察，以法帖之祖——《淳化閣帖》為例，宋代所傳衍的譜系高達七代之多，實在驚人。研究閣帖翻刻系統成為專門的學問。《淳化閣帖》的翻刻系統，可簡略如下：

「泉州本（宋淳熙間翻刻，明洪武四年重刻）

蕭府本（明萬曆四十三年乙卯刻）

世綵堂本（宋咸淳間）

二王府本（宋元祐間）

紹興監帖（宋紹興十一年辛酉）

淳熙修內司帖（宋淳熙十二年乙巳）

王文蕭本

袁褧之本

潘元諒本

顧從義本（明嘉靖末年刻）

乾隆重刻畢士安本（清乾隆三十四年己丑）」〔註66〕

毫髮畢現（同上）。

〔註65〕孫鑛：《書畫題跋》，載於《歷代書法論文選續編》，上海書畫出版社 1993 年版，第 324 頁。

〔註66〕轉引自廖新田：《清代碑學書法研究》，臺灣師範大學美術研究所，碩士論文1992 年。

其餘《淳化閣帖》的增減本、集合本更是不計其數，其中可以想見筆法源流的喪失。

從這些版本的流傳來看，歷經宋、元、明、清四朝的《閣帖》版本是否能傳原跡之眞，確實值得懷疑。馬宗霍曾評價曰：「宋初之書，亦可謂尙王，惟唐人宗王，率皆眞跡，閣帖之王，大抵膺鼎，以此宋初書家，不逮唐初遠甚。……此皆知宋不如唐，求其故而不可得，而姑爲之詞，不知實閣帖作法於涼有以致之也，其後絳潭諸帖，又從閣帖翻出，本之不正，末益甚焉。終宋之世，帖學大行，而書道乃陵遲矣。」〔註67〕可見宋以來刻帖翻刻導致了書道不傳之弊端，董其昌甚至認爲，「古人用筆之妙，殊非石本所能傳。」〔註68〕而對於刻帖導致古法之喪失，汪澐在《書法管窺》中曾有過深刻的描述，「漢、魏、晉墨蹟，既不能流至今，即石刻相傳，千餘年來臨摹經幾十手，易一手即失一神。……夫魏、晉之不可及處，全在瘦勁。一氣轉舒，無甚粗細，頓挫抑揚，略分輕重。印摹日久，轉折處漸嫌失神。邇來人士聰秀，筆姿流利，眼光所注，只慕豐致，絕無人窮究隋、唐骨力。又士大夫之有力者，多藏古玩，間勒石刻一部，鳩工精巧，秀色可餐。初學得一冊，珍若拱璧矣。其所勒之帖，多由宋、元以後，或家傳尺幅，或購致片箋，自多眞跡。但中列六朝法書，不過隨舊板翻刻，不甚加意。而代摹上石之人，大都手筆潔淨，其於高雅雄秀久置不講。……今以軟媚之筆，鉤臨古帖，名屬隋、唐以前，實係時人本色。如《快雪堂》等帖，風行宇內，不知者認新帖爲魏、晉人本屬如此。古法日漓，而無一線之可救矣。」〔註69〕從中可見，刻本和翻刻法帖流行，使得清代書風日趨軟媚纖弱。

而清代以來，千篇一律，布如算子的館閣體，與《閣帖》輾轉翻刻流傳至清也有很大關係。在如此的書道傳承環境之下，帖學書家自然無法與晉、唐朝書家相比了。因此，法帖輾轉翻刻所導致的用筆、墨法失眞，也就成爲碑學書家攻擊帖學的一個有力的證據，而在印刷複製技術不發達的古代，這也是帖學自身所無法彌補的一個硬傷。

清代碑學理論三位主要的書論家阮元、包世臣、康有爲都深知法帖翻刻

〔註67〕馬宗霍：《書林藻鑒》，文物出版社1984年版，第115頁。

〔註68〕董其昌：《畫禪室隨筆》卷一，載於《歷代筆跡書論彙編》，江蘇教育出版社1996年版，第234頁。

〔註69〕汪澐：《書法管窺》，《明清書法論文選》，上海書店出版社1994年版，第775～776頁。

之弊，都在各自的書法論著中指出法帖輾轉翻刻導致用筆用墨失真，導致書法精神的衰微，這是他們書論中「尊碑抑帖」的一個理論出發點。阮元說：「宋帖展轉摩勒，不可究詰。漢帝、秦臣之跡，並由虛造、鍾、王、郗、謝，豈能如今所存北朝諸碑，皆是書丹原石哉。」〔註70〕包世臣也曾說：「中正沖和《龍藏碑》，擅場或出永禪師。山陰面目迷梨棗，誰見匡廬霧霽時？」〔註71〕「彙帖得此秘密，所見唯南唐祖刻數種，其次則「棗版閣本」。北宋蔡氏、南宋賈氏，所刻已多參以己意。明之文氏、王氏、董氏、陳氏，幾於形質無存，況言性情耶？」〔註72〕康有爲也認爲：「夫紙壽不過千年，流及國朝，則不獨六朝遺墨不可復睹，即唐人鈎本，已等鳳毛矣。故今日所傳諸帖，無論何家，無論何帖，大抵宋、明人重鈎屢翻之本。名雖羲、獻，面目全非，精神尤不待論。譬如子孫曾玄，雖出自某人，而體貌則迥別」〔註73〕。「二王眞跡，流傳惟帖；宋、明仿傚，宜其大盛。方今帖刻日壞，《絳》、《汝》佳搨，既不可得，且所傳之帖，又率唐、宋人鈎臨，展轉失眞，蓋不可據雲來爲高、曾面目矣。」〔註74〕「欲尊帖學，則翻之已壞，不得不尊碑。」〔註75〕

再加上法帖還存有眞僞、版本等複雜問題，益發使得帖學在翻刻失眞的問題上更爲碑學家所垢病。在此種情況下，書法藝術勢必急需尋求一種新的出路，碑學於是應運而生。正如康有爲說：「碑學之興，乘帖學之壞，亦因金石之大盛也。」〔註76〕

事實上存在這樣一個問題，碑學書家們指稱的帖學因翻刻失眞從而導致古法喪失，在他們所取法的碑刻中同樣也存在。碑刻書法上石總要經歷兩道工序，而且法書的刊刻都是一些下層文人「自有石刻以來，石上刻字，即皆出匠人一手處理，無借書手相助，此一習慣，自兩漢至南北朝莫不皆然。」〔註77〕

〔註70〕阮元：《南北書派論》，《揅經室集》集三卷一，中華書局1993年版，第593頁。

〔註71〕包世臣：《論書十二絕句篇》，《藝舟雙楫》，其注曰：「隋《龍藏寺》，出魏《李仲璿》、《敬顯儁》兩碑，而加純淨，左規右矩，近《千文》而雅健過之。《書評》謂右軍字勢雄強，此其庶幾。若如《閣帖》所刻，絕不見雄強之妙，即定武《蘭亭》，亦未稱也。」北京圖書出版社2004年版，第81頁。

〔註72〕包世臣：《答三子問篇》，《藝舟雙楫》，北京圖書館出版社2004年版，第116頁。

〔註73〕康有爲：《尊碑篇》，《廣藝舟雙楫》，北京圖書館出版社2004年版，第32頁。

〔註74〕康有爲：《寶南篇》，《廣藝舟雙楫》，北京圖書館出版社2004年版，第141頁。

〔註75〕康有爲：《尊碑篇》，《廣藝舟雙楫》，北京圖書館出版社2004年版，第37頁。

〔註76〕康有爲：《尊碑篇》，《廣藝舟雙楫》，北京圖書館出版社2004年版，第35頁。

〔註77〕應成一：《碑學與帖學》，《20世紀書法研究叢書：考識辨異篇》，上海書畫出版社2000年版，第133頁。

沙孟海先生在《碑版的寫手和刻手問題》說：「經過多次翻刻的帖，固然已不是二王的真面目，但經過石工大刀闊斧鑿過的碑，難道不失原書的分寸嗎？」而據沙孟海考證，「東晉《王興之夫婦墓誌》永和四年（西元 348 年），碑上刻字，刻手粗劣，起筆收筆皆用刀切齊，不照毛筆寫樣。」〔註 78〕有的碑刻甚至未經書丹而直接奏刀。如「西晉《呂氏磚》咸寧四年（西元 278 年）、西晉《楊紹買塚地劵》太康五年（西元 284 年），其字融入了刻工的藝術情趣，極濃的金石味道，不是毛筆書寫所能體現。」〔註 79〕可見，碑刻不僅由於年代久遠存在失真問題，而且由於刻手的優劣不齊，碑刻的字形、筆畫、運筆等喪失原作味道更是嚴重。不過對於碑學家來說，審美觀念轉變是碑學興起的重要原因所在，關注碑刻書作的關鍵，不是書丹鐫刻的是否失真，而是要在碑刻書作中取得一種金石樸茂的厚重的氣息，以此轉變帖學軟媚的審美風格，改變傳統的書法藝術思維，即跳出帖學名家經典的藩籬，在自由廣闊的書法藝術裏盡情地進行性情創作。此時，我們可以看到，對於清代碑學家們來說，碑刻、金石、器皿乃至「窮鄉兒女造像」，只要能從中獲得一種雄強古拙的、具有自然美的審美風格和氣象，就能成為他們的取法對象和典範。

〔註 78〕 沙孟海：《兩晉南北朝書跡的寫體與刻體》，《浙江大學美術文集》，浙江大學出版社 2007 年版，第 186 頁。
〔註 79〕 沙孟海：《兩晉南北朝書跡的寫體與刻體》，《浙江大學美術文集》，浙江大學出版社 2007 年版，第 186 頁。

第二章　碑學範式興起的外在因素

一、清代學術轉型

（一）清代乾嘉學派的興起

　　1644 年，明朝被清朝「夷狄」所取代，這一致命的打擊，使許多親身經歷這場巨變的士大夫們進一步認識到理學話語的陳腐和危害，只有反省前代學術的失敗，才能找到解決現實問題的有效出路，才能復興傳統的儒家精神。一大批士大夫，如顧炎武、黃宗羲、閻若璩等對明中葉以來「陽明心學」的空談心性、力主無爲、清談誤國等思想以及對宋明道學家接受佛道學說而導致儒家經典本義喪失的現象進行反思。他們主張用訓詁、小學、文字學去重新釋讀古代經典，講求「實事求是」、「博瞻貫通」、「無徵不信」，重視事實考察和博求實證的樸實學風。無論是治經或是研史，都注重證據，「取近代理明義精之學，用漢儒博物考古之功」。〔註 1〕它的治學方法是「不以孤證自足，必取之甚博」，「有一疑義，反覆參考，必歸於至當，有一獨見，援古證今，必暢其說而後止」〔註 2〕。因此，以顧炎武爲首的士人，用「實事求是」的方法開始研究經學、文字音韻學和歷史地理學，顧炎武的《日知錄》中關於經學、文字學、音學、碑版考證的部分以及《金石文字記》等都是這樣寫成的。這些著述爲重新認識經典鋪平了道路，可以說這也爲乾嘉學派在研究內容和

〔註 1〕　黃宗羲：《陸文虎先生墓誌銘》，《南雷文約》卷一，四庫全書存目叢書集部 205，齊魯書社出版社 1997 年版，第 188 頁。

〔註 2〕　潘耒：《日知錄序》，《日知錄集釋》顧炎武撰，上海中華書局 1936 年版，第一頁。

治學方法上開了先路。余英時認為，在清代學術思想的轉變和發展中，顧炎武是一個「典範」〔註3〕。顧炎武不僅提出了新的學術思想和治學理論，而且還提供了示範性的著作，開示出一系列切實的治學方法和眾多的學術門類，足以為後人取法和繼續開展學術研究。「經學考證發展到他那樣的規模和結構才發生革命性的轉變。」〔註4〕受其啟發，毛奇齡、閻若璩、胡渭等人遂重新對儒家經典著作考訂校勘，進一步推進了考據學風的進程。從朱子哲學的轉變中可以發現士人已經開始從抽象的義理之學向具體的實證觀念（考證）轉變，這種轉變包括思想上從主觀體悟向客觀標準的變遷。

而清初的文化政策，也是促使清代士人轉向考據之學的原因。清初，滿族入主中原，為進一步加強思想文化的鉗制和防範，文字獄迭興不息，致使許多為文之人不敢從事涉及現實或經世致用的學問，轉而進入文字考據訓詁之學的挖掘整理研究中。據廖新田統計：清前期順治、康熙、雍正、乾隆四朝150年間，就發生了83起文字獄。

清初四朝文字獄統計如下表〔註5〕

文字獄＼朝代	順治	康熙	雍正	乾隆	合計
關於民族思想		2	2	8	12
王室朋黨內閣			5	4	9
官吏趨奉太過				18	18
貧士貪圖利祿			3	15	15
庋藏苛細	1	1		17	22
諳告		1		6	7
小計	1	4	10	68	83

文字獄作為清初文化政策的一個部分，使很多學者埋頭於經書訓詁和注

〔註3〕「在任何一門學術中建立新『典範』的人都具有兩個特徵：一是在具體研究方面他的空前的成就對以後的學者起示範作用；一是他在該學術領域之內留下無數的工作讓後人接著做下去，這樣便形成一個新的研究傳統。顧亭林和後來清代考證學的關係便恰是如此。」（余英時：《清代思想史的一個新解釋》，《中國思想傳統的現代詮釋》，江蘇人民出版社1889年版，第227頁。）

〔註4〕余英時：《清代思想史的一個新解釋》，《中國思想傳統的現代詮釋》，江蘇人民出版社1889年版，第227～228頁。

〔註5〕廖新田：《清代碑學書法研究》，臺灣師範大學美術研究所碩士論文1992年，第57頁。

疏，雖然這項文化政策迫使學者知識份子皓首窮經，極大的破壞了學術研究的自由空間，但從文治的角度看，它也鼓勵了清代學者從事學術研究，爲樸學的發展提供了契機。艾爾曼在《從理學到樸學——中華帝國晚期思想與社會變化面面觀》中列舉大量的證據證明。「18 世紀的文字獄只是清代文化教育政策的陰暗一面，這項政策還包括經費支持、學校獎助、官方對學術的認可、強化教育特定作用、對學術發展鼓勵。事實上，沒有清朝文化政策爲考據學發展規範化提供先決的社會條件，考據學研究就無法大規模地展開。」〔註 6〕其中一例，就是引導讀書人進行大規模的編撰刻印書籍。綜觀清史，官私都盛行資助和編書，而其中規模最大的就數編撰《四庫全書》了，許多提倡漢學、崇尚考證的學者都參與到這個工程中。梁啓超甚至認爲：「四庫館就是漢學家大本營，《四庫提要》就是漢學思想的結晶體。」〔註 7〕在四庫館臣討論、評判和批評進呈書籍所依據的標準和尺度中，我們可以看見，其標準就是考據派崇尚的以小學爲標誌的學術取向。「一部著作只有廣搜博取不同的史料，用實證方法加以辨析，重視古文獻中典章、名物、禮制的考訂，才夠得上『考證之助』水準，受到《四庫》編修的青睞。」〔註 8〕考據因此成爲此典編輯的一個主要標準，在評述《四庫全書》所收圖書時，主要聚焦於能否正確運用史料及考證方法，對於空洞的思辨、「虛談」則予以排斥。此種遴選標準也延展到清代整個學術界。

　　因此到乾嘉年間，考據學達至高峰，出現了以惠棟爲代表的吳派和以戴震爲代表的皖派，並且在他們周圍聚集了一大批學者，如錢大昕、段玉裁、王念孫、王引之、阮元等，一時呈現出「家家許鄭，人人賈馬」的景象，崇尚漢代的古文經學蔚然成風。梁啓超甚至認爲，清代「無考證學則是無清學也，故言清學必以此時期爲中堅。」〔註 9〕乾嘉學派注重求眞、求古，從實證的角度和客觀之精神來研究學問，可以說開啓了中國史學研究之新風氣。梁啓超曾在《清代學術概論》中論述乾嘉學派有十大特色：「一、凡立一義，必憑證據；無證據而以臆度者，在所必擯。二、選擇證據，以古爲尚。以漢唐

〔註 6〕〔美〕艾爾曼著，周文彬譯：《從理學到樸學——中華帝國晚期思想與社會變化面面觀》，江蘇人民出版社 1997 年版，第 13 頁。

〔註 7〕梁啓超：《中國近三百年學術史》，天津古籍出版社 2003 年版，第 19 頁。

〔註 8〕〔美〕艾爾曼，周文彬譯：《從理學到樸學——中華帝國晚期思想與社會變化面面觀》，江蘇人民出版社 1997 年版，第 46 頁。

〔註 9〕梁啓超《清代學術概論》，上海古籍出版社 2005 年版，第 25 頁。

證據難宋明，不以宋明證據難漢唐；據漢魏可以難唐，據漢可以難魏晉，據先秦西漢可以難東漢。以經證經，可以難一切傳記。三、孤證不爲定說。其無反證者姑存之，得有續證則漸信之，遇有力之反證則棄之。四、隱匿證據或曲解證據，皆認爲不德。五、最喜羅列事項之同類者，爲比較的研究，而求得其公則。六、凡採用舊說，必明引之，剿說認爲大不德。七、所見不合，則相辯詰，雖弟子駁難本師，亦所不避，受之者從不以爲忤。八、辯詰以本問題爲範圍，詞旨務篤實溫厚。雖不肯枉自己意見，同時仍尊重別人意見。有盛氣凌轢，或支離牽涉，或影射譏笑者，認爲不德。九、喜專治一業，爲『窄而深』的研究。十、文體貴樸實簡潔，最忌『言有枝葉』。當時學者，以此種學風相矜尚，自命曰「樸學」。其學問之中堅，則經學也。」〔註10〕概言之，其爲學之方法，爲「實事求是」、「無徵不信」。正是由於乾嘉學派實證的科學精神，以及金石可助歷史考據之資，使得金石之學在清代得以復興。「自顧炎武著《金石文字記》，實爲斯學濫觴。繼此有錢大昕之《潛研堂金石文字跋尾》，武億之《金石三跋》，洪頤煊之《平津館讀碑記》，嚴可均之《鐵橋金石跋》，陳介祺之《金石文字釋》，皆考證精徹，而王昶之《金石萃編》，薈錄眾說，頗似類書。其專舉目錄者，則孫星衍、邢澍之《寰宇訪碑錄》。其後碑版出土日多，故《萃編》、《訪碑錄》等再三續補而不能盡。」〔註11〕而求古革新的精神，也使得碑學家回溯碑版金石書跡並考證書法歷史源流，以作爲自己書法之借鑒。阮元自謂：「余之說經，推明古訓，實事求是而已，非敢立異也。」〔註12〕而在書法上，阮元提出《南北書派論》，並推重北碑，這是阮元據金石考證和文獻梳理的產物，他強調實事求是地還歷史本來面目。

當然，考據之學除了訓詁、考證，還有辨證的含義在裏面，也即是說具有「發前人所未發」的要求在裏面，體現著一種繼往開來、推陳出新的學術追求和風氣。如前所述，考證是《四庫全書》審議其著錄圖書的標準之一，「發明」和「心得」則是他們評判古今圖書的另一個標準。他們鼓勵學者們超越前代的學術成就，充實已有的學術定論。將這種還原過程和嚴謹批評結合起來，就喚起了一種批評意識，一種對過去至高無上的經典權威的挑戰意識，而這種挑戰又是基於對經典權威的懷疑之上。因此，梁啟超認爲「清學

〔註10〕梁啟超：《清代學術概論》，上海古籍出版社 2005 年版，第 40 頁。
〔註11〕梁啟超：《清代學術概論》，上海古籍出版社 2005 年版，第 49 頁。
〔註12〕阮元：《揅經室集》集三自序，中華書局 1993 年版，第 3 頁。

家既教人以尊古，又教人以善疑。既尊古矣，則有更古焉者，固在所當尊。既善疑矣，則當時諸人所共信者，吾曷爲不可疑之？」〔註13〕可見阮元對《蘭亭序》的質疑，包世臣對宋元明書家筆法的懷疑甚至否定，不是心血來潮，而是完全符合乾嘉經學的「疑古求眞」精神的。

　　其時，像阮元、桂馥、朱彝尊、鄭簠、吳榮光、錢泳、包世臣、周濟等這樣的考據學家本身就是書法家、金石學家。在他們看來書法史學須以樸學爲根基，要找到書法之本源，就必須訪碑研碑、拓碑取證、考定眞僞、研判文字。正是有了這些樸學家兼書法家，才把樸學嚴謹的治學精神運用到對碑刻金石銘文的考察和求證上。他們撰寫了大量的金石考證、著錄和題跋文字，重新挖掘和闡述了書法藝術的發展和變遷。在中國書法史上還沒有一個朝代之學者能夠像清人那樣對中國書法史的源流進行如此全面的清理。歸納起來清代碑學書法理論的闡釋表現出：其一，絕不憑空立論，而是從具體碑石和文獻考證中來分析歸納。其二，治學傾向上以古爲尙，具有復古色彩。其三，採用歸納法，對所論述的碑版和書家作比較研究，歸納結論。「或問漢人隸書，碑碣具在，何唐、宋、元、明人若未見者？余答曰，猶之說經，宋儒既立，漢學不行；至本朝顧亭林、江愼修、毛西河輩出，始通漢學，至今而大盛也。」〔註14〕翁方綱曾說：「宋元以後，漸皆不講考訂之學……士生今日，經學日益昌明，皆知考訂訓詁以求實得，則書學必當上窮篆隸，研究晉唐以來體格家數，勿爲空言虛機所惑，」〔註15〕錢泳在《書學》中，甚至把篆隸比作經書中的六經：「故讀書者，當先讀六經，爲文章之源流；講篆隸者，當先考鍾鼎文，爲書法之源流也」。〔註16〕此種考辨源流的書法求實精神，可謂是全體清代碑學家的治學精神的縮影。此後阮元、包世臣、康有爲的書法理論，無不體現了樸學對書法論述的影響。正是有了此種考證、疑古、辨古、復古的精神，才使得淹沒了幾千年的碑版、鍾鼎、器皿、甲骨等重新煥發光彩。

（二）金石考證與書法

　　在清代考據學興起的過程中，清代學者不僅將金石文字看作是考證經史

〔註13〕梁啓超：《清代學術概論》，上海古籍出版社2005年版，第60頁。
〔註14〕錢泳：《書學》，《履園叢話》十一上，中華書局1979年版，第288頁。
〔註15〕沈津輯：《翁方綱題跋手箚集錄》，廣西師範大學出版社2002年版，第357頁。
〔註16〕錢泳：《書學》，《履園叢話》十一上，中華書局1979年版，第284頁。

的材料，而且還更進一步深入研究歷代金石遺跡的名義、形式、沿革及風格演變等，使得碑學與樸學研經、金石考證相生發、相交融。這樣，金石學就興盛起來，它的影響和價值也就受到了更爲廣泛的關注。金石之學始於宋，它的任務是「研究中國歷代金石之名義、形式、制度、沿革，以及所刻文字圖象之體例、作風。上自經史考訂、文章義例，下至藝術鑒賞之學。」〔註17〕金石學中的「金」主要以「鍾鼎彝器爲大宗，旁及兵器、度量衡器、符璽、錢幣、鏡鑒等物。」而「石」主要指，「碑碣墓誌爲大宗，旁及摩崖，造像、經幡，柱礎，石闕等物。」〔註18〕清代學者以金石資料爲歷史考據之資，或正訛誤，或補史闕，或辨異同，或較優劣。「金石之學，與經史相表裏……蓋以竹帛之文久而易壞，手抄板刻，展轉失眞；獨金石銘勒，出於千百載以前，猶見古人眞面目，其文其事，信而有徵，故可寶也。」〔註19〕龔自珍曾說：「凡古文，可以補今許愼書之闕；其韻，可以補《雅》、《頌》之際；其事，可以補《春秋》之際；其禮，可以補《逸禮》；其官司位氏族，可以補七十子大義之際」〔註20〕。這正代表了一般歷史學家的傾向。其後尋訪搜集石刻碑版的風氣越來越盛，訪碑、研碑成爲許多文人學者兼書家的畢生追求。開學術風氣之先的顧炎武，每次出遊，訪碑即是其內容之一。顧炎武在《金石文字記序》中載：「余自少時即好訪求古人金石之文，而猶不勝解。及讀歐陽公《集古錄》，乃知其事多與史書相證明，可以闡幽表微，補闕正誤，不但詞翰之工而已。比而二十年間周遊天下，所至名山巨鎮，祠廟伽藍之跡，無不尋求，登危峰，探窈壑，捫落石，履荒榛，伐頹垣，畚朽壤，其可讀者必手自抄錄，得一文爲前人所未見者，輒喜而不寐。一二先達之士知余好古，出其所蓄，以至蘭臺之墜文，天祿之逸字，旁搜博討，夜以繼日，遂乃抉剔史傳，發揮經典，頗有歐陽、趙氏二錄之所未具者，積爲一帙，序之以貽後人。」〔註21〕可見其時學者考訂學術，訪碑研碑的熱情〔註22〕。

〔註17〕 朱劍心：《金石學》，《民國叢書》第五編86卷，上海書店出版社1933年影印版，第3頁。
〔註18〕 朱劍心：《金石學》，《民國叢書》第五編86卷，上海書店出版社1933年影印版，第3頁。
〔註19〕 錢大昕：《關中金石記序》，載於《潛研堂集》第25卷序三，上海古籍出版社1989年版，第792頁
〔註20〕 龔自珍：《商周彝器文錄敍》，上海人民出版社1975年版，第267頁。
〔註21〕 顧炎武：《顧亭林詩文集》，中華書局1983年版，第29頁。
〔註22〕 關於清初學者訪碑的研究可以參看白謙愼《傅山的世界——十七世紀中國書法的嬗變》第三章關於清初訪碑活動的描述（生活‧讀書‧新知三聯書店2006

隨著金石考證之學興起，金石碑刻出土、收藏的規模迅速擴大，清初曹溶撰《古林金石表》，已收入自己收藏的碑帖達 800 多種，嘉慶年間孫星衍和邢澍所著《寰宇訪碑錄》則收錄歷代石刻共計 8000 多種。期間，研究金石學的專家也代不乏人，學術成果不斷問世。據艾爾曼統計「清代著錄的青銅器超過 3000 多種，宋代僅有 643 種，宋代已知的金石著述僅 20 餘種，而清代類似的著作超過 500 種。」〔註 23〕

而在樸學求實精神影響下，清代金石學研究的對象之廣泛、程度之深入、方法之縝密、分科之細緻無不超越前人。按研究對象的不同，清人金石學著述大概可以簡略分為三類：

第一類：刻石。其主要著作有：錢大昕的《潛研堂金石文字目錄》、孫星衍和邢澍的《寰宇訪碑錄》、趙之謙的《補寰宇訪碑錄》、顧炎武的《求古錄》、王昶的《金石萃編》，陳奕禧的《金石遺文錄》、翁方綱的《漢金石記》、趙紹祖的《金石文鈔》、汪鋆的《十二硯齋金石過眼錄》、魏錫曾的《續語堂碑錄》、朱彝尊的《曝書亭金石文字跋尾》、葉昌熾的《語石》等。

第二類：鍾鼎彝器。隨著清代碑刻出土文獻的日益增多，鍾鼎器物的研究也成為金石學的一個重要方面。如錢坫的《十六長樂堂古器款識考》、阮元的《積古齋鍾鼎彝器款識》、劉喜海的《長安獲古編》、潘祖蔭的《攀古樓彝器款識》、端方的《陶齋吉金錄》、張廷濟的《清儀閣所藏古器物文》等，都是古器物金文研究的著作。

第三類：錢幣、璽印、封泥、鏡鑒、玉器、瓦磚等皆有著錄，成為專門之學。如陳介祺的《十鍾山房印舉》、陳介祺和吳式芬的《封泥考略》、桂馥的《繆篆分韻》、吳大澂的《古玉圖考》、端方的《陶齋藏磚記》等。正是這些豐富的新材料，為碑學書法提供了一套不同於帖學的書法資源，為清代的學術和藝術打開了新的視野。

以上著述者，大多既是金石學家，又是書法家，可以這麼說：有清一代

　　　年版，第 228 頁）以及黃惇《漢碑與清代前碑派》論文中相關部分的研究。
〔註 23〕〔美〕艾爾曼著，周文彬譯：《從理學到樸學──中華帝國晚期思想與社會變化面面觀》，江蘇人民出版社 1997 年版，第 132 頁。

的歷史學家、書法家大都為出色的金石學家。根據《金石學錄》所載，國朝從事金石研究者多達 141 人，為歷朝之冠。其中，兼治金石、文字、音韻與書學者不乏其人，如傅山、鄭簠、王澍、金農、翁方綱、阮元、桂馥等。這些金石學家除考證史料外，由於長日撫碑研碑，心摩手寫，對金石碑版篆隸書跡厚重、質樸、醜拙的造型和審美風格逐漸產生興趣，「流觀漢瓦晉磚而得其奇，浸而淫之，釀而醞之，神而明之。」〔註24〕並從此開始臨摹研習，再加上師友淵源、學術交流等關係，長此以往逐漸形成了一個以漢魏碑刻為取法對象、以篆隸書體為創作主體的書法流派。

碑學書家在金石碑版書跡臨習中受金石碑刻古拙沉雄風格的影響，一改帖學流弊，借漢魏之碑刻風格來改帖學軟媚之風氣。馬宗霍先生曾說：「嘉、道以來，帖學始盛極而衰，碑學乃得以乘之。先是，雍正、乾隆間，文字之獄甚嚴，通人志士，含毫結舌。無所慮其志意，因究心於考古。小學既昌，讀者群藉金石以為證經訂史之具。金石之出土日多，摹拓之流傳亦日廣。初所資以考古者，後遂資以學書。故碑學之興。又金石學有以成之也」。〔註25〕可以說，在清代正是由於金石考證的興起復興了篆、隸書體，使清代書法表現出質拙樸厚的新風格，並成為清代書壇的主流。三代吉金、兩漢刻石、六朝碑版、摩崖石刻或以其質拙樸厚、或以其粗獷雄強的特點，在對帖學語言進行解構的同時，完成了碑學語言的建構。康有為總結南北名碑時用的「雄強茂美」，「瘦硬峻拔」等，無不體現出碑學質拙的美學特徵。而本來屬非書法範疇的，如受風雨侵蝕造成的斑駁陸離和斧鑿刀刻造成的嚴整峻利，在碑學理論家的鼓吹之下，也被書家所吸取，用其來豐富書法的線條和筆法。這樣，在金石學的影響下，碑學書風逐漸形成，同時在這個過程中出現了如鄧石如、伊秉綬、莫友芝、趙之謙、吳大澂等碑學名家。康有為謂：「碑學大播，三尺之童，十室之社，莫不口北碑，寫魏體，蓋俗尚成矣。」〔註26〕，碑學書風的形成和碑學大家的成就也喻示著魏晉「二王」以來千餘年間的帖學法則被弱化，而碑學的法則和書家典範則真正深入到文人士大夫的學書觀念中。

大量金石碑版的出土和發現，使清代學者和書家有機會接觸大批的漢魏碑版石刻書跡和文獻材料，這為清代書法理論家重新梳理和分析書法歷史提供了第一手的材料。其中清代碑學理論建立者阮元的《南北書派論》和《北

〔註24〕康有為：《學敘篇》，《廣藝舟雙楫》，北京圖書館出版社 2004 年版，第 265 頁。
〔註25〕馬宗霍：《書林藻鑑》，文物出版社 1984 年版，第 192 頁。
〔註26〕康有為：《尊碑篇》，《廣藝舟雙楫》，北京圖書館出版社 2004 年版，第 37 頁。

碑南帖論》、包世臣的《藝舟雙楫》和康有爲的《廣藝舟雙楫》，其立論和材料也都是從金石材料中甄選而來。可以說，取法碑刻的書法流派是乘帖學之壞、金石大盛而提出的：「碑學之興，乘帖學之壞，亦因金石之大盛也。乾、嘉之後，小學最盛，談者莫不藉金石以爲考經證史之資。專門搜輯著述之人既多，出土之碑亦盛，於是山岩、屋壁、荒野、窮郊，或拾從耕父之鋤，或搜自官廚之石，洗濯而發其光采，摹揚以廣其流傳。若平津孫氏，侯官林氏、偃師武氏、青浦王氏皆輯成巨帙，遍佈海內。其餘爲《金石存》、《金石契》、《金石圖》、《金石志》、《金石索》、《金石聚》、《金石續編》、《金石補編》等書，殆難悉數。故今南北諸碑，多嘉、道以後新出土者，即吾今所見碑，亦多《金石萃編》所未見者。出土之日多可證矣。出碑既多，考證亦盛，於是碑學蔚爲大國。適乘帖微，入續大統，亦其宜也。」〔註27〕這也意味著清代碑學書家共同體的逐漸形成。

　　我們可以假設，如果沒有那時考據學的繁榮，沒有金石、沒有碑碣的大量出土和精心搜集，清代書法的新天地也許就不是碑學而是另外的途徑了。

（三）士人身份的轉變與碑學書風

　　清初學術扭轉了明人崇尚空疏清談的學風，走向嚴謹務實的訓詁考據學。這種轉向既有內在的思想動機又有外在的社會因素。首先，滿清入主中原，明朝滅亡已經是不爭的事實，儘管晚明文人士子對朝廷和學術界有著種種不滿，甚至將明亡歸因於明代流行的清談學風，歸因於其時的程朱理學，但這些明遺民仍然是深受傳統儒家思想影響的士人知識份子，他們仍然不能接受江山易主的事實。因此在清初，有很大一批漢族知識份子拒絕參加朝廷的科舉考試；其次，即使參加科考的也因爲朝廷嚴格控制科舉考試中舉人數的名額而限制了其在科舉功名上的發展。「到了清初，朝廷確定並嚴格控制科舉考試的錄取名額，製定了科舉考試錄取的最高標準。1575 年是明代科舉錄取數最少的一年，但這一年的錄取數額到 1661 年，已成爲清代科舉錄取名額的最高峰。」〔註28〕而一旦沒有了科舉功名，仕途也就受到了限制。這些傳統官學一體化的士人，在亡國之恨中。在爲官無望後，深刻認識到只有反省

〔註27〕康有爲：《尊碑篇》，《廣藝舟雙楫》，北京圖書館出版社 2004 年版，第 35 頁。
〔註28〕〔美〕艾爾曼著，周文彬譯：《從理學到樸學——中華帝國晚期思想與社會變化面面觀》，江蘇人民出版社 1997 年版，第 92 頁。

前代學術的失敗，才能維繫民族精神，才能為精神和學術的復興找到出路，也只有通過自身的學術能力或其他途徑才能謀求生存和獲得聲譽。

　　在無數的清代士子中，又以江南士人為最多，「清代學者地理分佈，江蘇占全國的三分之一，第二為浙江，第三為安徽，而江南之蘇、浙、皖、贛、閩五省綜計約占全國百分之七十以上」〔註 29〕。而清初著名的樸學大家，大多都是江南人士，從清代樸學集大成之作的《皇清經解》的作者來看，90%的作者都是江南人士。「它收集了清代漢學家的眾多代表作，後世漢學家藉此能了解其前輩在 17、18 世紀建立的學術共同體的規模。」〔註 30〕從中可以見出，江南地區的整個學術動向與清代具有密切的聯繫。表現在書法藝術領域，則清代碑學書法的發生和建構也幾乎都是由江南士人來完成。鑒於清代碑學書法與江南士人之間的緊密關係，此節就具體地分析清代士人（主要是江南士人）身份的流變和這種流變與碑學書風的內在聯繫。

　　南宋以來，江浙地區一直是歷朝帝國的「文化軸心」，宋、元、明三朝的多數重大的學術、藝術、思想運動，都是由南方士人首開風氣。1644 年滿洲入主中原後，清朝統治者為了真正控制文化軸心的江浙地域，大興文字獄如莊廷鑨案、《南山集》案、查嗣庭案等。為了對江浙儒生進行文化壓制，更是屢次停止江浙科考，使得大量江浙儒生無法通過科舉而進入到政治軸心。此外，明清易代，江浙士人深厚的儒家傳統文化思想根深蒂固，不接受現實、反滿的思想仍然在延續，使得這一地區的士子文人在官與士之間成為一特殊的群體。「反滿深層思想背景的逐步深化，與清廷控馭應試規模的交互作用，使江浙一大批儒生長期游離於政治核心結構之外，而形成了一個頗為奇特的階層。」〔註 31〕他們中既有不願入朝為官，也不願做延續晚明以來的空談誤國學風的學術的士人；也有有為官願望而不能，有做現世學術之心卻又擔憂文字獄的學者。傳統的職業觀在他們這裏發生了重大的改變：從傳統儒家思想的為學入仕觀到渴望成為考據學家、書院教師、官府幕僚等的轉變，此時對他們來說，學術就成為謀生的一種手段。下面就從考據學家、書院教師、

〔註 29〕廖新田：《清代碑學書法研究》，國立臺灣師範大學美術研究所碩士論文 1992年，第 65 頁。

〔註 30〕〔美〕艾爾曼著，周文彬譯：《從理學到樸學——中華帝國晚期思想與社會變化面面觀》，江蘇人民出版社 1997 年版，第 61 頁。

〔註 31〕楊念群：《儒學地域化的近代形態》，生活‧讀書‧新知三聯書店出版社 1997年版，第 274 頁。

官府幕僚、編撰書籍等角度來分析清代士人向職業化轉變的幾種方式。

艾爾曼在他的《從理學到樸學——中華帝國晚期思想與社會變化面面觀》中列出考證學派職業化出現的幾個特點：「1、考證學者都屬一種特殊專業的成員，這種專業是在廣泛研究和知識訓練的基礎上建立的，這種研究和知識培訓通過向他人提供專業性服務和諮詢，獲得經濟支持和讚助。他們的學術角色和社會作用已實現職業化。2、行業的標準是對理學和經世學知識的系統研究改爲掌握特定考證學領域的專門知識，這是它向職業轉變的標誌。3、掌握考證學方法專業知識的目的是保證這一特殊學科形成、發展和傳播，這些專業知識服務於考據學積纍性的知識系統。考據學者通過掌握這些知識把自己和官僚、紳士和外行區分開來。4、考證學研究的專業內容和方法沒有政治色彩，因而能夠避免局外人的評判。」〔註 32〕而清代興起的書院體系對考據學的興起起著重要作用。1733 年雍正製定新政策，准許各省興建官辦書院，這些書院都是圍繞理學、科舉考試、八股文等內容而展開教學活動，很少涉及經史領域。針對這種教育的弊端。「1755 年以後，開始建立一種綜合性書院，它不單爲科舉考試服務，更重視經史的研習考釋，這就把考據學風帶入現有的教育制度。」〔註 33〕考據學從此在清代書院尤其是江南地區的書院蔓延開來，從常州府吳興的龍城書院、暨陽書院到蘇州的紫陽書院、揚州的安定和梅花兩書院、南京的鍾山書院等等無一不重視考據學。它們吸引了許許多多的考據學家和漢學家來任教，如戴震、段玉裁、王念孫、孫星衍、洪亮吉等等。從而培養出了大批的考據學家，這些考據學家有很多回到母校或別的書院任教，周而復始，研究考據學的隊伍越來越龐大，促進了考據學的興旺。「隨著江南考證學派共同體的不斷擴大，考據學不論從學術上和社會環境上都已具備成爲居於支配地位的儒學話語形式的可能性。」〔註 34〕此時，進行考據學研究，在很多江南士子的心目中已成爲比仕途更有吸引力的選擇。理所當然地，能夠進入到專門進行考據學教學的書院任教成爲很多江南士人夢寐以求的理想職業，「在江南地區的書院擔任教職是崇高學術地位和聲望的象徵」

〔註 32〕〔美〕艾爾曼著，周文彬譯：《從理學到樸學——中華帝國晚期思想與社會變化面面觀》，江蘇人民出版社 1997 年版，第 69 頁。

〔註 33〕〔美〕艾爾曼著，周文彬譯：《從理學到樸學——中華帝國晚期思想與社會變化面面觀》，江蘇人民出版社 1997 年版，第 86 頁。

〔註 34〕〔美〕艾爾曼著，周文彬譯：《從理學到樸學——中華帝國晚期思想與社會變化面面觀》，江蘇人民出版社 1997 年版，第 92 頁。

〔註35〕。

很多江南儒生爲了得到一定的學術讚助、保持自身人格的相對獨立以及發揮自己的學術才能，就進入幕府充當幕僚角色。幕僚身份，既解決了一些無緣於仕途的士人的生計問題，同時又使這些士人獲得學術上的聲望，從而實現了自我價值。「這種由佐幕而陞遷，並非憑應舉而入仕的方式，使江浙處於邊緣狀態的儒士，能夠繞過以官方意識形態爲依據而設定的官學化儒學的應試程序，從而在科舉系統之外，相對自由地拓展學術研究的空間，並有可能憑藉科舉技能之外的學術修養登於高位。這條人才飽和狀態下儒生進行自我疏導的的管道，幾乎可以肯定是江浙地域化儒學構成區域性特色的制度化前提。」〔註36〕簡略統計，可以看到清代著名書家大多是幕僚出身或曾做過幕僚，「如遊朱筠幕的錢坫、洪亮吉；遊畢阮幕的鄧石如、孫星衍；遊阮元幕的孫星衍、朱爲弼；遊陶澍幕的包世臣；遊曾國藩幕的莫友芝、楊峴、張裕釗、俞樾；遊吳大徵幕的吳昌碩、黃士陵等。」〔註37〕這些書家的學術研究、書法成就和幕僚身份存在著千絲萬縷的關係，即能夠進入幕府成爲幕僚的，無一不是在書法獨樹一幟，或是在學術研究上卓有成就的人。

此外，隨著清朝政權統治的日益鞏固以及經濟的逐漸興盛，清政府開始用特科薦舉的方式來招納江浙士人進入到政治軸心。方式之一就是編撰大型類書，這也成爲大批士子學人的謀生手段，成爲一些江南士人的合適職業。章學誠就曾說過：「詞臣多由編纂超遷，而寒士亦挾策依人，亦以精於校讎，輒得優館，甚且資以進身。其眞能者，固若力農之逢年矣。」〔註38〕在 17、18 世紀，內務府讚助或直接主持的書籍多達 150 餘種，這些書籍囊括儒學的各個領域。而各地官員學政也起著學術研究傳播以及資助的作用，如阮元在 1795 年任浙江學政的時候，就聘用 40 多位學者主持編纂《經籍纂詁》，該書仿傚《爾雅》體例，收集唐以前的儒家經典注釋，是對古代音韻、訓詁資料最全面的總結。這就「促使政治軸心中的人才結構開始伴隨出現極爲特殊的學者化現象，這種現象不久就放大爲具有廣泛意義的學術『專門化』區域性

〔註35〕〔美〕艾爾曼著，周文彬譯：《從理學到樸學——中華帝國晚期思想與社會變化面面觀》，江蘇人民出版社 1997 年版，第 92 頁。

〔註36〕楊念群：《儒學地域化的近代形態》，生活·讀書·新知三聯書店出版社 1997 年版，第 281 頁。

〔註37〕張俊嶺：《略論清代書家的遊幕活動》，載於《中國書法》2007 年第 2 期。

〔註38〕章學誠著，葉瑛校注：《文史通義校注》，中華書局 1985 年版，第 308 頁。

模式，其結果最終導致儒家學術逐漸染有了『職業化』色彩。」〔註39〕

簡而言之，正是由於 18 世紀江南經濟發達以及官方（編撰圖書等）、半官方（書院任教等）以及非官方（幕賓等）的資助，爲學術研究提供了經濟上的保證，使得學術可以成爲士人維持生計的行業，也使得傳統儒生的角色在學而優則仕之外，通過自身的學術職業化來實現自身的角色認同，最終分化出了一批因學術特長而淡化政治身份的知識共同體。它打破了傳統儒家知識份子「入學爲仕」的價值取向，開始了向各類專業認識的拓展，傳統儒生也就進一步分化爲各門各類專業人才。從而，順理成章地，這些滿腹才學的江南知識份子開始將觸角深入到眾多不同的專業領域的經世之學，包括有關曆法改革的天文學、治理洪水必需的水利學，軍事需要的炮術及其他學科，漸趨形成了一個江南地區的學術共同體。

而在這種「職業化」趨勢下，碑學書風的興起也就在情理之中了。據統計，清代碑學書法的開拓者、實踐的成功者、理論的建立者，幾乎都出現在經濟發展最快、人文工商薈萃的江南地區。例如江蘇有鄭簠、王澍、錢泳、阮元，浙江有朱彝尊、金農、丁敬、龔自珍，福建有伊秉綬，廣東有康有爲，安徽有鄧石如、包世臣，湖南有何紹基等。

從考據學的興起到金石考證的興盛到碑版書法的出現，可以說士人的獨立價值和學術認同都濃縮在了其中，這就形成了一個廣泛的碑學「共同體」來對抗清前期的趙、董書風。該書風吸引了一批出身低微的民間書家投身其中，產生了像鄧石如、吳昌碩等大家，形成有清一代的碑學書風和典範之作。可以這樣說，與帖學主要由上層士大夫階層構成不同，清代碑學書法主要是由學者書家和民間書家來共同建構起來的。這種書家身份的流變，體現出士人由朝廷到民間的轉換，體現出專業技術知識份子從以往多重的士人身份中逐漸剝離獨立出來。而金石碑刻中的雄渾樸茂、碑版篆隸的「拙、正、厚、茂」正契合了士人身份的轉變，這樣的金石碑版既能固守、沉潛其精神內涵，又可表達對自身價值及高昂的生命境界的追求。最終，他們依託自身獨立學術之精神和對藝術之道的探索，既獲得了獨立的人格地位，又能到了社會價值的肯認，還奠定了有清一代樸茂雄渾的精神氣象，以致影響整個書法史的格局。

〔註39〕楊念群：《儒學地域化的近代形態》，生活·讀書·新知三聯書店出版社 1997 年版，第 275～276 頁。

二、清代帝王、館閣體與書法

（一）清帝王對書法的影響

　　清代帝王尤其是清前期康熙、乾隆帝皆喜愛和重視書法，因此帖學一路書風能得以繼續發展。清入關以來，清帝世祖、康熙、乾隆幾代崇尚趙、董書風，上行下效，臣民爲了迎合其喜好競相追摩倣仿，趙、董書風在清前期風靡一時。康熙時期，玄燁對董其昌的喜愛使學習董書成爲干祿求仕的捷徑，近人馬宗霍在《書林藻鑒》中說：「聖祖則酷愛董其昌書，海內眞跡，搜訪殆盡。玉牒金題，彙登秘閣。董書在明末已靡於江南，自經新朝睿賞，聲價益重，朝殿考試，齋延供奉，干祿求仕，視爲捷途。風會所趨，香光幾定於一尊矣。」〔註40〕康有爲在《廣藝舟雙楫》也載：「至我朝聖祖（康熙）酷愛董書，臣下摹仿，遂成風氣。」〔註41〕至清高宗乾隆，「香光告退，子昂代起。」〔註42〕由於乾隆喜愛趙孟頫的書法，遂學書者多以趙孟頫爲宗法，書法風格也從前期飄逸的書風轉爲圓轉遒麗的風格。「高宗席夫祖之餘烈，天下晏安，因得棲情翰墨，縱意遊覽，每至一處，必作詩紀勝，御書刻石，其書圓潤秀發，蓋仿松雪，惟千字一律，略無變化，雖饒承平之象，終少雄武之風。」〔註43〕由此可見，清代中期由於受乾隆審美取向和欣賞口味的影響，書風由習董轉而習趙。董、趙書法雖圓潤流麗，但學書之人若只一味地原樣臨摹趙、董之作而不講求筆法內涵，就不能眞正領會其神采風貌，那麼勢必寫得疲軟無力，勢必導致書風的規則化和程序化，最終千人一面，流於形式表面，走入俗書行列。

　　可以這樣說，正是清代前期順治、康熙、雍正、乾隆 150 年間所主導的習董學趙的書法風氣，左右了清代的書壇，相比於前朝和以後，帖學並沒有大的發展，其風格也就演變成只求「黑大方正」的「館閣體」。潘伯鷹在《中國書法史》中曾寫道：「這樣長期的提倡，應該書學昌明了，但畢竟由於皇帝一人的提倡，臣下也不能不投這『一人』的所好，就自然流爲一種庸俗的館閣體了。」〔註44〕藝術的發展，如果以一元化、制度化的方式來進行，終必

〔註40〕馬宗霍：《書林藻鑒》，文物出版社 1984 年版，第 192 頁。
〔註41〕康有爲：《體變篇》，《廣藝舟雙楫》，北京圖書館出版社 2004 年版，第 69 頁。
〔註42〕馬宗霍：《書林藻鑒》，文物出版社 1984 年版，第 192 頁。
〔註43〕馬宗霍：《書林藻鑒》，文物出版社 1984 年版，第 194 頁。
〔註44〕潘伯鷹：《中國書法史》，上海人民美術出版社 1983 年版，第 136 頁。

夭折，包世臣認為「是以一時雖為經生胥吏所崇尚，不旋踵而煙銷火滅也。」〔註45〕正是由於帝王的喜好，無論是筆勢還是結體，日趨規範化、「通用」化，這種過度成熟的規範變成了束縛人們性靈的枷鎖，而忽視書寫中個人性情的作用。所幸一大批文人書家已經從這樣的書學現狀中，看出此種風尚的癥結，許多意識超前、富有才學和創造力的清代書家便掙破牢籠，另闢蹊徑，即從帖學系統之外，尋找書法的出路。可以這樣說，清代書家對帝王崇尚帖學的反思是清代書學從帖學走向碑學的又一重大原因。加上在前面幾節提及的成因的作用，共同形成了清代中期到後期書壇的碑學書法潮流。

當崇尚碑學的書法家從碑的角度來評價董趙書風的時候，帖學書作結體平勻、章法單一、風格枯怯軟媚也就成為眾多碑學書家所詬病的原因。包世臣曾評董書云：「其書能於姿致中出古淡，為書家中樸學。然樸不能茂，以中歲深襄陽跳蕩之習，故行筆不免空怯，去筆時形偏竭也。」〔註46〕評價趙書為：「吳興書筆，專用平順，一點一劃，一字一行，排次頂接而成。……吳興書則如市人入隘巷，魚貫徐行，而爭先競後之色，人人見面，安能使上下左右空白有字哉？」〔註47〕康有為也這樣評價董書：「香光雖負盛名，然如休糧道士，神氣寒儉，若遇大將，整軍厲武，壁壘摩天，旌旗變色者，必裹足不敢下山矣。」〔註48〕「香光俊骨逸韻，有足多者，然局束如轅下駒，蹇怯如三日新婦。以之代統，僅能如晉元、宋高之偏安江左，不失舊物而已。」〔註49〕康有為甚至認為：「勿頓學蘇、米，以防於偏頗剽佼之惡習。更勿誤學趙、董，蕩為軟滑流靡一路。若一入迷津，便墮阿鼻牛犁地獄，無復超度飛升之日矣。」〔註50〕而清代盛大士在《谿山臥遊錄》曾記載，對其時書風不滿，「近日俗書專尚勻淨配搭，字畫大小疏密悉中款式，書非不工也，而其俗在骨，不可復興之論書矣。」〔註51〕

碑學講究樸茂雄厚的美學風格，包、康對趙董的評語中「跳蕩」、「空怯」、

〔註45〕包世臣：《答熙載九問》，《藝舟雙楫》，北京圖書出版社 2004 年版，第 111 頁。

〔註46〕包世臣：《書陳雲乃集其先公寫廢壽幛字為四言詩卷後》，《藝舟雙楫》，北京圖書館出版社 2004 年版，第 185 頁。

〔註47〕同上。

〔註48〕康有為：《形草篇》，《廣藝舟雙楫》，北京圖書館出版社 2004 年版，第 298 頁。

〔註49〕康有為：《體變篇》，《廣藝舟雙楫》，北京圖書館出版社 2004 年版，第 69 頁。

〔註50〕康有為：《學敘篇》，《廣藝舟雙楫》，北京圖書館出版社 2004 年版，第 268 頁。

〔註51〕盛大士：《谿山臥遊錄》，《中國古代畫論類編》，人民美術出版社 2007 年版，第 257 頁。

「偏竭」、「寒儉」、「平順」、「軟滑流靡」等都是與碑學所追求的雄強、厚重、質樸、古拙美學風格格格不入的。當清代碑學書家從碑刻書法風格中找尋到久違的自然、靈動、鮮活、厚重、質樸的書法風格時，他們在其中也看到性情表現的力量，如此以來原來的柔媚一路的帖學就被雄健的碑學書風所取代。直至清代碑學以鄧石如為首的雄強弘毅風格的出現，加上包世臣、康有為等在理論上的倡明，碑學也就成為書壇的主流，引一時之風氣。

（二）館閣體對書法的影響

中國歷來取士的標準是以文為主，從隋初開皇年間科舉創始，科舉就成為文人實現自身抱負、自身價值以及士人轉變身份、耀登龍門的捷徑。善文而為翰林院一員乃是士人主要的上陞道路，而以善書入閣者也不在少數。以書干祿的例子自古就有，如北齊張景仁就是以書著名而成為了司空的。到了唐代更是確立了以身、言、書、判為標準的取士標準，甚至設立了書學博士。書法的好壞在科舉考試中所起作用越來越大，書法成為當時士人必備的技能。明清盛行時的「臺閣體」或「館閣體」則將以書干祿發揮到極致，俗稱「干祿書」。雖然平正圓潤、勻圓規矩的館閣體自有其明晰悅目的美感，但它「若平直相似，狀如運算元，上下方整，前後齊平，便不是書，但得其點畫耳。」〔註 52〕即缺少了作為書法藝術最核心的生命情感的部分，缺少了書家在書法創作中對性情的表現。

清乾隆時代，「館閣體」風靡士林，上至奏摺詔書，下至科舉考卷，無不以此為尚。康有為曾謂：「蓋以書取士，啟於乾隆之世，當斯時也，盛用吳興，間及清臣，未為多覯。嘉、道之間，以吳興較弱，兼重信本，故道光季世，郭蘭石、張翰鳳二家，大盛於時，名流書體相似。其實郭、張二家，方板緩弱，絕無劍戟森森之氣。彼於書道，未窺堂戶，然而風流扇蕩，名重一時，蓋便於折策之體也。」〔註 53〕整個取仕的過程中，字的好壞很大程度上決定了文人功名利祿的成敗。因此，寒窗苦讀十幾載的文人們對館閣體的崇奉到了幾為瘋狂的程度。「京都習尚，寫字為先，字好者人皆敬重，字醜者人都藐視。故為學之士，寫字為第一要緊事，其次則詩文歌賦，至於翻經閱史，則

〔註52〕王羲之：《題衛夫人〈筆陣圖〉後》，《歷代書法論文選》，上海書畫出版社 1979年版，第 26～27 頁。

〔註53〕康有為：《干祿篇》，《廣藝舟雙楫》，北京圖書館出版社 2004 年版，第 305 頁。

爲餘事也。……故用功之士，寫字爲要務，一日之中寫字功夫居其半，甚且有終日寫字者。」〔註54〕

　　康有爲描述清代士人學習科考之書云：「國朝列聖宸翰，皆工妙絕倫，而高廟尤精。承平無事，南齋供奉，皆爭妍筆箚，以邀睿賞。故翰林大考試差、進士朝殿試、散館，皆捨文而論書。其中格者，編、檢超授學士；進士殿試得及第。朝考一等，上者魁多士，下者入翰林。其書不工者，編、檢罰俸，進士、庶起士散爲知縣。御史，言官也；軍機，政府也，一以書課試，下至中書教習，皆試以楷法。內廷筆翰，南齋供之，諸翰林時分其事，故詞館尤以書爲專業。馬醫之子，苟能工書，雖目不通古今，可起徒步積資取尙、侍，耆老可大學士。昔之以書取司空公，而詫爲異聞者，今皆是也。苟不工書，雖有孔、墨之才，曾、史之德，不能階清顯，況敢問卿相！是故得者若昇天，失者若墜地，失墜之由，皆以楷法。榮辱之所關，豈不重哉！此眞學者所宜絕學捐書，自竭以致精也。百餘年來，斯風大扇，童子之試，已繫去取，於是負床之孫，披藝之子，獵纓捉衽，爭言書法，提筆伸紙，競講折策。」〔註55〕至此，書法淪爲登躍龍門的工具，完全失去了作爲一門藝術本身所應有的特質和屬性。

　　而對於朝廷來說，以書取士的畸形科舉晉升制度往往無法獲得眞正的人才。徐珂在《清稗類鈔》中載：「新進士殿試用大卷，朝卷用白折。閱卷者但重楷法，乃置文字於不顧，一字破碎，一點污損，皆足以失翰林。」〔註56〕清代不少士子經世治國的理想和志氣就被埋沒在不能書寫一手工謹的楷書上，龔自珍就是其中一個典型的例子。龔自珍年輕時候參加科考，成績出類拔萃，但因爲寫不好館閣體，而未能進入翰林。龔自珍對此刻骨銘心，著《干祿新書》留給子孫，免蹈其覆轍。他在書的序言裏面具體描繪了殿上三試、保送軍機處、考差、保送御史都必須考察楷法。乾隆時期著名學者法式善，「列清班者二十載，而未一與文衡。兩應大考，俱左遷，則以書法甚古拙故也。」〔註57〕可以看見，法式善只是因爲其書法風格屬於「古拙」的碑學一類，不符合館閣體的烏、方、光、圓的風格標準，也不能陞遷。

〔註54〕羅志田：《權勢轉移：近代中國思想、社會與學術》，湖北人民出版社1999年版，第170～171頁。

〔註55〕康有爲：《干祿篇》，《廣藝舟雙楫》，北京圖書館出版社2004年版，第301頁。

〔註56〕徐珂：《清稗類鈔》第二冊，中華書局1984年版，第689頁。

〔註57〕徐珂：《清稗類鈔》第二冊，中華書局1984年版，第697頁。

除了帝王喜愛、科舉要求和官場文書外，清政府對館閣書手的需求也是館閣體存在的重要原因。康熙在位時，曾從江南舉薦生員中考選書法精熟者，赴內廷供奉抄寫。在乾隆時期，設立四庫全書館，更是需要大量館閣抄寫書家，這樣的抄寫活動使館閣書法更加完善和成熟。「今楷書之勻圓豐滿者，謂『館閣體』，類皆千手雷同。乾隆中葉後，《四庫》館開，而其風氣益盛。」〔註58〕

館閣體書法講求點畫線條平均一致，章法結體整齊劃一，因此個人的性情必須隱藏起來，才能適應這種書體。周星蓮在《臨池管見》中載，「自帖括之習成，字法遂別爲一體。土龍木偶，毫無意趣。」〔註59〕而與個人情感的泯滅相關，表現出來就是「千人一面」的技工之風，「古人論書勢者，曰雄強、曰質厚、曰使轉縱橫，皆丈夫事也。今士大夫皆習簪花格，惟恐不媚不澤，塗脂傳粉。」〔註60〕

清代書學家對於館閣體的攻擊，不僅在於對以這種書體取士的科舉制度的排斥，更加重要的是醒悟到館閣體書法是對於文人心性的扼殺。書法作爲一門高深的藝術，傳達出來的應是一個具有鮮明個性的士人形象，而不是「千人一面」的官僚工具。

因此當清代書家在考據、訓詁以及學術職業化過程中，尋找到表現自身性情的新的表現形式——碑學書法的時候，此種布如算子、線條雷同、無情感變化的館閣體書法自然遭到碑學書家們的鄙視和丟棄，他們自然會到金石碑版書跡中去尋求厚重、質樸、高古、自然的精神內蘊來釋放壓抑已久的內心情懷。

綜合前面兩章的論述，我們可以看到，清代碑學的興起與其說是一種書法風格的更替，毋寧說是一種書法文化的嬗變。其間不僅只是書法藝術觀念、審美風格的轉換，還與整個清代文化大環境有著直接的關係：晚明以來政治和文化景觀導致了學術思想的轉變、士人身份的流變、帖學的沒落、金石考古的發現，最終導致了書法審美風格、藝術觀念的變化。它們如連鎖反應一般，從外部和內在兩個方面勾勒出了清代碑學興起的複雜淵源，形成了清代

〔註58〕洪亮吉：《北江詩話》，人民文學出版社1983年版，第66頁。

〔註59〕周星蓮：《臨池管見》，《歷代書法論文選》，上海書畫出版社1979年版，第726頁。

〔註60〕何紹基：《張婉紃女史肄書圖，張仲遠囑題》，《何紹基詩文集》卷十二，嶽麓書社1992年版，378頁。

波瀾壯闊的碑學書派。隨著碑學實踐隊伍的不斷壯大，加上阮元、包世臣、康有爲書論著作的宣揚，清代碑學在中國書法史脫穎而出。

　　下面我們就直接進入到清代碑學範式的構成和內容，闡釋、探索清代碑學書風和清代碑學理論，以及與帖學範式相比書法形態發生了哪些轉換。

第三章　碑學範式的興起

一、碑學書風的興起與發展

　　碑學書風的興起和流行逐漸形成了一個以上古秦漢魏之碑爲取法對象、以篆隸楷爲主要書體的書法創作群體。他們在上古秦漢魏碑刻中發現了自唐以來書法已喪失的源初的「古法」精神：「漢隸古雅雄逸，有自然韻度。魏稍變以方整，乏其蘊藉。唐人規模之，而結體運筆失之矜滯，去漢人不衫不履之致已遠。降至宋元，古法益亡。」〔註61〕因此他們以先秦漢魏碑刻非名家書法爲主，取代過去帖學範式下對名家法帖的亦步亦趨的模仿和學習，追溯篆、隸古法，改變書風的傳統技法和用筆，從而展現出清代文人的個人性靈和才情。在此基礎上形成了一個以碑刻爲取法對象的書法創作「共同體」，即碑學範式共同體，產生了碑學典範書家——鄧石如、伊秉綬，開啓了中國書法新的潮流。

　　對於清代書法分期，筆者將清代碑學分爲嘉慶、道光之前的漢碑期和之後的魏碑期。縱觀清代碑學史，雖然「碑學」這一名稱到了清末康有爲才正式提出〔註62〕，但是碑學的興起早在清初就初見端倪，早期的碑學家如王時

〔註61〕王弘撰：《書鄉飲酒後》，《砥齋集》，《續修四庫全書》第 1404 冊第二卷，上
　　　　海古籍出版社，第 26 頁。
〔註62〕「明確以『帖學』和『碑學』這兩個名稱來概括指稱這兩種書學理論和創作
　　　　流派體系，則是到清末康有爲《廣藝舟雙楫》才正式提出。」（劉恒：《中國
　　　　書法史・清代卷》，江蘇教育出版社 1999 年版，第 4 頁。）

敏、鄭簠、朱彝尊等都已把目光投注在了漢碑上，並從實踐上復興了篆、隸書體，從而開啟了清代碑學的先聲。到了嘉慶年間，產生了鄧石如、伊秉綬這樣典範式的碑學家，形成清代碑學的的第一個高潮。這時期是帖學和碑學影響力轉換的關鍵時期，筆者將鄧石如、伊秉綬不列入前後期，是基於他們對清代碑學的發展興盛具有承前啓後的作用，他們是在前期無數碑學家實踐的基礎上產生的集篆、隸於一身的書法大家，同時他們的出現無論是在技法規則、取法範圍還是在審美風格方面對後期碑學的興盛具有開宗立派意義，可以說，他們是清代碑學史上的經典典範，對其具體的闡述將在第二節單列。

本書下面就以時間爲軸，以篆、隸書體的演進爲線索，對清代碑學進行論述。本文把清代碑學分爲前期和後期，前期即順治──嘉慶（1644～1795）時期，書體以篆、隸爲主，後期即嘉慶、道光以後（1796～），書體以篆、隸、魏碑爲主，分別論述這兩個時期內清代碑學的演進狀況。

（一）清前期的碑學書風

在清代前期我們已經很難看到晚明書風那種肆意張揚的狂草形式，士人們已經開始轉向對秦漢篆隸和唐楷的研習，審美取向也轉入方正、拙樸、厚重、嚴謹的風格，個中深由，不僅與對陽明心學的反思、人文學術傳統的流變和士人的價值轉向有關，也與清初的統治有或隱或現的關係。

在審美理念方面，既受到儒家經世致用、考據樸學復古求眞思想的影響，也受到清中期康乾盛世繁榮所表現出來的精神氣象的影響，表現在書風的審美取向上就是追求厚重、嚴謹、樸茂、高古、雅正的風格，而表現在碑學書體的創作上，就體現爲崇尙篆、隸、唐碑三種書體的創作風尙。下面就以書體爲線、書家人物爲面，來展示清代前期碑學書風的主要關節點。

1、隸書創作

從清代前期的隸書創作來看，清初由於隸書自宋代以來逐漸衰微，最初的隸書家基本取法唐人，比如王時敏、戴易等，後由於考據學的興起以及金石學家大力宣傳提倡，漸漸回歸到隸書師法漢隸並以古爲師，其中的代表有鄭簠、朱彝尊、金農等。本節闡述清代前期的隸書創作主要是以漢隸爲師法對象的隸書的創作，這是清前期隸書創作的總體趨勢。

在傳統帖學範式文質彬彬、溫醇秀美、「中和」之美的審美心理影響下，清前期隸書的創作雖然從漢隸碑版中吸取了資源並融入到了自己的隸書創作中，但表現出來的碑版的雄渾樸茂仍沒有壓倒帖學的溫秀敦雅，顯示出了帖學範式的前結構還繼續影響著隸書的創作。因而取法秀潤溫醇的《曹全碑》（圖 3-1）〔註63〕還比較多，鄭簠、朱彝尊即是其中的代表。鄭簠以擅長隸書著稱於清代，喜歡搜集尋訪碑版石刻，學漢碑數十年，幾乎臨遍漢碑拓本，開闢了隸書學漢碑的新風氣，在當時人學唐人隸書的風氣中，引起了極大的反響。其隸書主要取法《曹全碑》，線質渾厚秀潤，用筆活潑縱肆，格調高古渾穆，追求漢碑的金石氣。如（圖3-2）〔註64〕和（圖3-3）〔註65〕。正如錢泳說：「國初有鄭谷口，始學漢碑，……然谷口學漢碑之剝蝕。」〔註66〕從而爲隸書開闢了新的境界，孔尚任曾有《鄭谷口隸書歌》稱其爲「漢後隸書誰登峰，學問無如谷口筆」〔註67〕，堪稱清代碑學運動的先聲。

圖 3-1

東漢《曹全碑》

〔註63〕圖 3-1 東漢，《曹全碑》，《中國法書選》第 8 卷，二玄社 1988 年版

〔註64〕圖 3-2〔清〕鄭簠：隸書《七言詩軸》，《清代書法》，商務印書館 2001 年版，第 35 頁。

〔註65〕圖 3-3〔清〕鄭簠：隸書《石室山詩軸》，《清代書法》，商務印書館 2001 年版，第 36 頁。

〔註66〕錢泳：《書學》，《履園叢話》十一上，中華書局 1979 年版，第 286 頁。

〔註67〕孔尚任：《鄭谷口隸書歌》，《孔尚任詩文集》卷 7，中華書局 1962 年版，第 547 頁。

圖 3-2　　　　　　　　　　圖 3-3

〔清〕鄭簠《七言詩軸》　　　　〔清〕鄭簠《石室山詩軸》局部

　　與鄭簠同時期的朱彝尊即是清初著名的書法家，同時也是一位著名的學者，他喜愛並搜集了很多金石碑刻，曾著有《曝書亭金石文字跋尾》，儘管他搜訪金石的初衷是爲考證提供資料，但在研究薰陶中，其隸書所達到的水準卻推動了清代碑學進入一個新的階段。他的隸書取法《曹全碑》，用筆輕鬆飄逸，結體端莊平和，格調靜謐古穆，體現了作爲一個學者的素養和洞察體悟力，可以說，他準確把握了漢隸的古穆、渾樸的審美特徵。如（圖 3-4）〔註68〕。

〔註68〕圖 3-4〔清〕朱彝尊：《臨曹全碑》，《清代書法》，商務印書館 2001 年版，第 39 頁。

圖 3-4

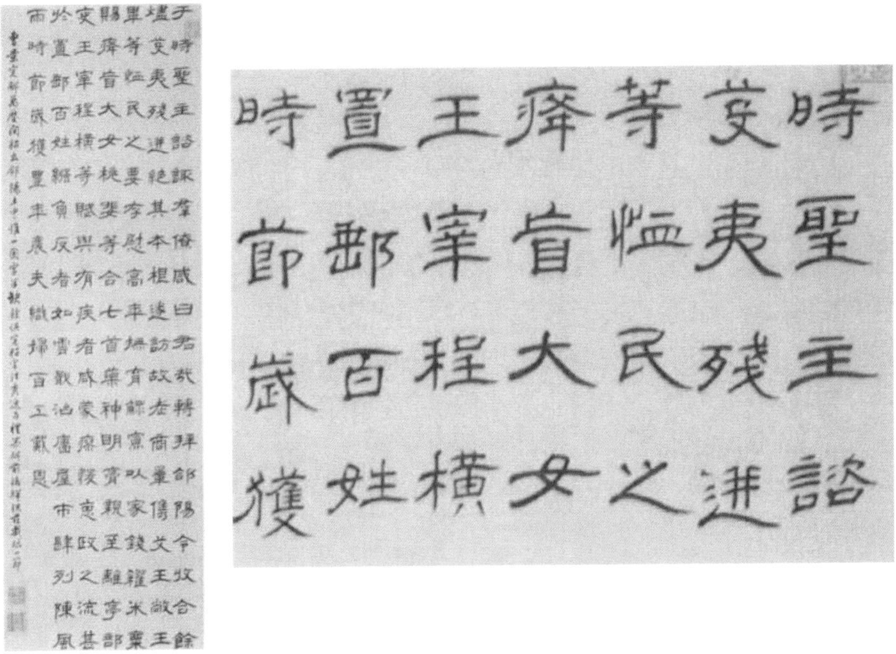

〔清〕朱彝尊《臨曹全碑》及局部

　　鄭簠和朱彝尊對金石碑版的竭力搜尋以及在漢隸上的實踐探索既為當時以及後來的書家在取法對象和審美風格上提供了經驗和借鑒，也為清代碑學的興盛奠定了堅實基礎，正如錢泳《履園叢話》中說：「國初有鄭谷口，始學漢碑，再從朱竹垞輩討論之，而漢隸之學復興。」〔註69〕之後的書家如程邃、張在辛和萬經都受其影響，他們對「揚州八怪」中的高鳳翰、汪士慎、金農、高翔、鄭燮等也都產生了巨大影響。

　　「揚州八怪」的藝術家幾乎都擅長書畫，而其中擅長隸書的是高鳳翰、汪士慎、金農、高翔、鄭燮，在帖學範式逐漸瓦解、碑學範式還未完全成熟的過渡時期，這些人在隸書的表現形式、風格技巧等各個方面進行了大膽的探索和創新，創造出了新的藝術表現形式，從而衝擊了人們的視覺慣例，開拓了新的書法視野。在「揚州八怪」中，書法風格尤其強烈的屬金農和鄭燮。

　　金農的隸書成就不僅在「揚州八怪」中首屈一指，就是在清代書法史乃

〔註69〕錢泳《書學》，《履園叢話》十一上，中華書局 1979 年版，第 286 頁。

圖 3-5

〔清〕金農《相鶴經軸》

至中國書法史上，他獨創的「漆書」都能佔有一席之地。金農自小喜愛收藏鑒賞金石碑版，他後來在隸書上取得的成就跟他長期在金石碑版中的浸淫分不開，正如他在《魯中雜詩》中所說：「會稽內史負俗姿，字學荒疏笑馳騁。恥向書家作奴婢，華山片石是吾師。」〔註70〕他的隸書初學《夏晨碑》，後學《西嶽華山廟碑》，這一時期的隸書基本未脫鄭簠和朱彝尊的風格。中年後取法《天發神讖碑》，有了自身的面目，點畫方正，結構嚴謹。到了 50歲以後則強化了個人風格，自創「漆書」。他的漆書扁筆橫掃，字形稍長，橫畫粗重，側鋒用筆，而豎畫消瘦，提筆中鋒，並拉長撇筆，再加上喜歡用濃墨重筆，使得他的漆書獨具風格。與之前的隸書相比，不僅更得漢隸古拙渾樸的神髓，還能融合個體書家的精神氣質和個性特徵，從而創造出極富表現力和裝飾味的隸書，使人過目不忘。如（圖3-5）〔註71〕。「漆書」在中國書法史上可謂前無古人，他自己也曾說：「漢魏人無此法，唐、宋、元、明亦無此法。」〔註72〕

鄭板橋是與金農並肩而起的清代書壇中最有個性的書家，具有和金農一樣的驚世駭俗的創造力。最突出的是他在隸書基礎上融入篆、草、行、楷書的特點，創造出「六分半書」。儘管「六分半書」缺乏統一的藝術基調，從整體格調來說，也遠沒有金農的直指漢碑的厚重、沈穆境界，但是筆者認為他的偉大之處在於他能以一種創變甚至是叛逆的面目出現在清代書壇，與其說他在試圖創造新的書法風格，毋寧說他是想借書法這一載體來平衡和消減

〔註70〕 金農：《魯中雜詩》八首之一，自書稿本墨蹟，轉自黃惇《漢碑與清代前碑派》，載於《中國碑帖與書法國際研討會論文集》，香港中文大學文物館 2001 版，第 299 頁。

〔註71〕 圖 3-5〔清〕金農：漆書《相鶴經軸》，《清代書法》，商務印書館 2001 年版，第 129 頁。

〔註72〕 金農書：《相鶴經軸》題款，《中國古代書畫圖目》第十一冊，文物出版社 1986年版，第 49 頁。

作爲藝術家、文人的內心思想情感和社會現實之間的矛盾。因此，鄭板橋雖沒有開一代風氣的歷史作用，但當我們在說清代書法史甚至中國書法史的時候都無法繞開這個才情飽滿、性靈獨具的鄭板橋。如（圖3-6）〔註73〕。

此外，「揚州八怪」中的黃慎用碑意作草，追求金石味，他的狂草雖誇張怪異但線條卻拙樸凝重；高鳳翔用左手寫隸而使其生澀古拙；汪士慎的隸書因取法《乙瑛碑》和《華山碑》，故其點畫沈穩凝重，結構方正嚴謹。

「揚州八怪」之後，擅長隸書的有丁敬、黃易、伊秉綬、桂馥、巴慰祖、錢泳等人。其中丁敬的隸書風格也接近《曹全碑》，但結合了其他漢碑，表現出了新的氣象。

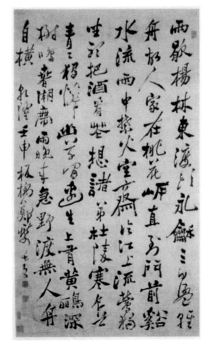

圖 3-6

〔清〕鄭燮《行書詩軸》

因此，從清前期的隸書創作來看，隸書創作受《曹全碑》影響較大，可見在還沒有建立碑學範式的主導形式和風格之前，帖學範式的前結構如「中和」之美所要求的溫秀敦雅也還影響著書家的創作。怎樣把碑版的金石味轉換到宣紙上，把文人精神內涵融入其中，達到金石碑刻的雄渾樸茂厚重凝煉的效果，書家們一直在探索和革新。一直到隸書典範——伊秉綬的出現，清代隸書才達到創作的高峰。

2、篆書創作

清代篆書的復興稍晚於隸書，雖也在各方面有所開拓，但在總體上基本沒有脫離或者超越唐代李陽冰所開創的格局。清代前期擅長篆書的有王澍、錢坫、洪亮吉、孫星衍等人。

王澍在他涉及的多種書體中，篆書最爲人稱道。他的篆書取法李陽冰，

〔註73〕圖3-6〔清〕鄭燮：《行書詩軸》，《清代書法》，商務印書館2001年版，第134頁。

用筆圓轉均衡，線條粗細均勻，結體嚴謹對稱，雖然沒有擺脫李陽冰小篆的影響，但對於習篆人少、古法衰微的清初來說，無疑注入了一股清新的空氣，如（圖 3-7）〔註 74〕。他的玉箸篆影響了後來的很多的寫篆書者。而錢坫篆書的風格面目不僅有取法李陽冰的一面，在這一面，它恪守李陽冰篆書的線條均勻、結體勻整，而且還有另外一面，即加入金文的字形特點，因此這一面的篆書結體平正與參差相間，整體意境也更顯閒雅古穆，因而有錢泳在《履園叢話》一說：「其書本宗少溫，實可突過吏部。」〔註 75〕另以小篆著稱的孫星衍和洪亮吉也取法李陽冰，與王澍一脈相承，在線條和結體造型方面沒有很大的突破。

圖 3-7

〔清〕王澍《漢尚方鏡銘軸》及其局部

〔註 74〕圖 3-7〔清〕王澍：篆書《漢尚方鏡銘軸》，上海博物館藏。
〔註 75〕錢泳：《書學·小篆》，《履園叢話》十一上，中華書局 1979 年版，第 285 頁。

　　總體來看，清代前期的篆書創作基本上還處於亦步亦趨的模仿階段，法度嚴謹，用筆結字線條基本取法秦代李斯、唐代李陽冰，顯得技法單調，體貌板滯，缺乏個人才情和個性特徵。但是他們的篆書實踐對清代初期來說，具有不可忽視的作用，既爲其後篆書的繁榮打下了基石，爲篆書大家鄧石如等起示範作用，同時也促進了清代碑學書法的全面復興。

　　綜上所述，清代前期對碑學書風的實踐以及用碑版的篆、隸來表現士人雄渾樸茂的精神，既確立了碑學範式最初的形式，也初步確定了碑學的審美基調和走向，即方拙、古樸、古逸、質厚等審美理念。這個時期鄭簠和朱彝尊的書作顯示出來的美學追求獲得了廣泛的認可，他們在取法漢碑的隸書創作實踐中也取得了示範效應，在書法史上具有開創意義。正是有清前期的碑學書家的實踐，使得這種篆、隸風氣迅速地推廣普及，從而形成了一個廣泛的碑學書家共同體。

（二）碑學範式的經典範例——鄧石如和伊秉綬

　　有清一代，尚碑運動興起，大量以碑版石刻爲取法對象的書法群體開始出現。在他們之中，從碑學審美觀念和創作技法上能夠稱得上是碑派書法典範的是鄧石如和伊秉綬，他們二人可以說是清代碑學實踐的翹楚和推動者。碑學範式的全部規則和技法內容，正是通過這些典範而得到廣泛傳播的，正如庫恩所說：「科學家從不抽象地學習概念、定律和理論，……沒有應用，理論甚至不可能被接受。而是通過觀察和參與這些概念應用於解決問題的過程中學到的。」〔註 76〕對於中國傳統文化來說，典範的確立，同樣意味著標準和評價準則的建立，康有爲在其《廣藝舟雙楫》中曰：「吾嘗謂篆法之有鄧石如猶儒家之有孟子，禪家之有大鑒禪師。皆直指本心，使人自證自悟；皆具廣大神力功德以爲教化主，天下有識者，當自知之也。」〔註 77〕典範起到了示範效應，對學習書法的人來說，從典範入手，是進入到這個群體最便捷的方式，因爲既能通過典範學習碑學理論，又能直觀掌握碑學的全部技法內蘊。越來越多的碑學典範跟隨者，反過來又進一步加強和鞏固了碑學群體，最終形成一個具有共同取向的碑學書家共同體。

〔註76〕〔美〕托馬斯·庫恩著，金吾倫譯：《科學革命的結構》，北京大學出版社 2006年版，第 43～44 頁。

〔註77〕康有爲：《說分篇》，《廣藝舟雙楫》，北京圖書館出版社 2004 年，第 102 頁。

1、鄧石如

鄧石如出生寒門，很早就以寫字、刻印謀生，20 歲左右即開始了一生的遊歷生涯。他到處尋師訪友，在 32 歲時結識梁巘，不久梁巘便推薦他到江寧（今江蘇南京）梅鏐處。梅氏自北宋以來就是江左望族，收藏了很多秦漢以來的金石拓本，正是在梅家 8 年，鄧石如飽覽古代金石善本：《石鼓文》、《嶧山碑》、《泰山石刻》、《開母石闕》、《國山碑》、《天發神讖碑》、《城隍廟碑》、《三墳記》等，每種臨摹不下百遍，此外，又臨習了大量的隸書，「每日昧爽起，研墨盈盤，至夜分盡墨乃就寢，寒暑不輟，五年，篆書成。乃學漢分，臨《史晨前後碑》、《華山碑》、《白石神君》、《張遷》、《潘校官》、《孔羨》、《受禪》、《大饗》，各五十本，三年，分書成」。〔註 78〕他從秦漢金石名跡入手研習，功力日益精深，氣息愈發渾厚，使其篆書、隸書、篆刻都開始展示出恢弘卓然的大家氣象。梁巘贊其書法「筆勢渾鷙，余所不能，充其才氣，可以輘轢數百年鉅公矣」。〔註 79〕

鄧石如的書法以篆、隸見長，尤以篆書著稱於世。自秦李斯將各具姿態的古篆變成極重空間平衡和勻稱感的「小篆」之後，「鐵線篆」、「玉筋篆」一直是篆書的金科玉律。小篆講究中鋒行筆，追求結構均整，線條圓轉流暢，但這樣一來作品就缺少了時間的流動感，同時也束縛了創作者心與手的自由發揮。鄧石如富於創造性地將隸書筆法和漢魏碑刻的運筆方法糅合在一起，將書寫的波折筆意帶入到篆書的線條中，並大膽運用長鋒軟毫，鋪毫直行，裹鋒而轉，提按轉折，縱橫捭闔。他的篆書字形狹長，線條飽滿，既沉雄古穆又婀娜秀美，將停勻、刻板的篆書寫得大氣磅礴、酣暢淋漓。他還強調筆力要表現韻味，並突出了線條在時空上的節奏感，賦予篆書以靈動的生命，因而極富抒情性、表現力和感染力，如（圖 3-8）〔註 80〕和（圖 3-9）〔註 81〕。

〔註 78〕包世臣：《完白三人傳》，《藝舟雙楫》，北京圖書館出版社 2004 年版，第 201 頁。

〔註 79〕包世臣：《完白三人傳》，《藝舟雙楫》，北京圖書館出版社 2004 年版，第 200 頁。

〔註 80〕圖 3-8〔清〕鄧石如：篆書《四箴四條屏》，載於《清代書法》，單國強主編，香港：商務印書館 2001 年版，第 148 頁。

〔註 81〕圖 3-9〔清〕鄧石如：《鄧石如篆書》，上海書畫出版社 2002 年版

圖 3-8

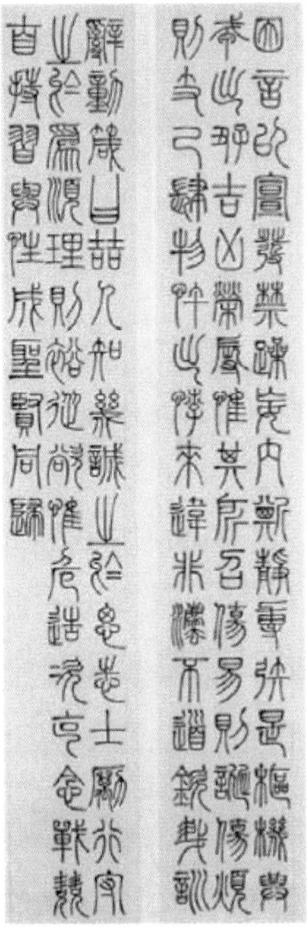

圖 3-9

〔清〕鄧石如，篆書《四箴四條屏》　　〔清〕鄧石如，《鄧石如篆書》局部

　　大學士劉墉贊鄧石如書法作品道：「千數百年無此作矣」〔註82〕。包世臣則稱：「山人篆法以二李爲宗，而縱橫闔闢之妙，則得之史籀，稍參隸意，殺鋒以取勁折，故字體微方，與秦漢當額文爲尤近。」〔註83〕鄧石如的篆書在汲取漢魏碑版精華基礎上，不僅一掃當時呆板、纖弱、單調的積習，而且還打破了「鐵線篆」、「玉筋篆」流行千年的篆書審美定式，開一代篆書之風氣。從此，他也成爲清人篆書的典範。康有爲謂：「完白既出之後，三尺豎僮，僅解操筆，皆能爲篆。」〔註84〕他影響了後來很多學書者，如吳熙載、趙之謙、徐三庚、吳昌碩等，這些書家無一不是在借鑒鄧石如篆書和研習漢人碑刻基礎上化古出新，成爲一代碑學大家的。

　　鄧石如的隸書取法漢碑，曾大量臨習《史晨》、《華山》、《張遷》、《校官》、《孔羨》、《受禪》、《大饗》等碑。他的隸書方削剛猛，氣勢雄渾，既能集眾

〔註82〕《鄧石如傳》，《清史稿》，中華書局 1995 年版，第 13892 頁。
〔註83〕包世臣：《完白山人傳》，《藝舟雙楫》，北京圖書館出版社 2004 年版，第 201 頁。
〔註84〕康有爲：《說分篇》，《廣藝舟雙楫》，北京圖書館出版社 2004 年版，第 102 頁。

圖 3-10

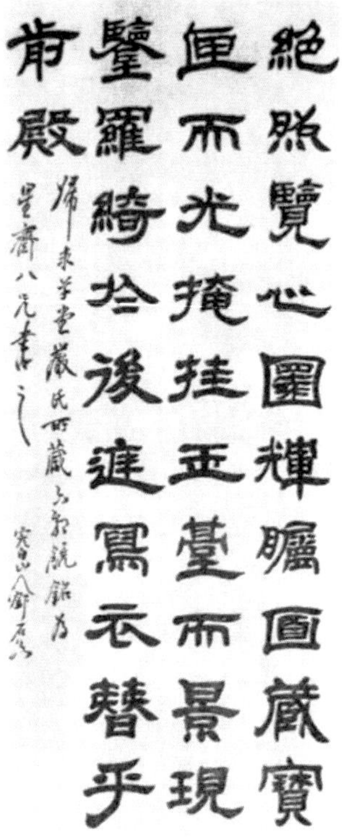

〔清〕鄧石如
隸書《六朝鏡銘隸書軸》

碑之長，比如《張遷碑》的凝重，《國山碑》的豐偉，《華山廟碑》的恣縱，《天發神讖碑》的磅礴、蒼勁與灑脫，又能融會篆書的圓渾、魏碑的雄強，從而表現出豪邁灑脫的風格神貌，如（圖 3-10）〔註 85〕。包世臣在《完白山人傳》中說過：「山人移篆分以作今隸，與《瘞鶴銘》、《梁侍中石闕》同法。」〔註 86〕

鄧石如是清代碑學興起後第一個全面實踐碑學主張的書法家，除了在篆、隸上取得非凡成就外，還涉及楷書、篆刻。可以說，他在完善碑派的技法規則和審美追求上，爲後來的碑派書法家提供了可供借鑒的範例，也爲包世臣碑派書法技法的論述提供了成功的實踐基礎。簡而言之，他對碑派書法具有開拓的意義，影響了一代代書學者。

2、伊秉綬

在清代書壇上，伊秉綬以善古隸著稱，被康有爲譽爲是清代分（隸）書之集大成者。他的隸書師法漢隸，並在漢隸基礎上進行了提煉概括、誇張強化，因此他的隸書既有漢隸中古樸敦厚的特點，又極具個性特徵，給人以一種氣魄宏偉、凝重蕭穆的視覺效果。

伊秉綬主要取法漢隸中雄渾平直一類的碑版，如《衡方碑》、《裴岑碑》、《西狹頌》、《孔廟碑》、《張遷碑》、《禮器碑》等，其中對《衡方碑》下的工夫最大。他在隸書上的創造是整體性的，與傳統漢隸有很大的不同。首先，他簡化了線條，基本泯去了點畫起止處的蠶頭燕尾，使隸書的起伏與波磔回到平直單一；同時將隸書原本變化豐富的線條提煉概括爲直線、圓點，並參以篆書的中鋒圓轉用筆，因而削弱了線條頓挫提按的節奏感。這種用筆方式容易顯得單調、勻整，爲了避免這一缺點，他又加強了線條的長短粗細、參

〔註85〕圖 3-10〔清〕鄧石如：隸書《六朝鏡銘隸書軸》，《中國書法全集‧鄧石如卷》，榮寶齋出版社 1995 年版，第 148 頁。
〔註86〕包世臣：《完白山人傳》，《藝舟雙楫》，北京圖書館出版社 2004 年版，第 201 頁。

差錯落。因此，他對隸書線條的改造和概括
雖顯得樸拙木訥簡單，但較之時人卻又更顯
大氣磅礴，內蘊渾厚。其次，在字形空間上，
強調結字的飽滿方正，同時注重字內空間與
字外空間的安排，按照需要隨機應變地處理
字形的扁平、豎直，利用錯落有致、參差相
間的線條並列方式表達字形空間的理性
美，這種理性美是一種古穆、靜謐、清空和
超逸的恢宏氣象。其次，在審美風格上，他
在準確表現漢隸形式特徵的基礎上，著重把
握漢隸的內在精神，即漢隸的古樸雄強的審
美特徵，並將這種特質放大、強化。梁章鉅
《退庵隨筆》云：「墨卿遙接漢隸真傳，能
拓漢隸而大之，愈大愈壯。」〔註87〕這種
強化和放大使得他的隸書具有非凡的表現
力和感染力。因此當我們在欣賞他的隸書作
品時，會被其強大的震撼力所感染。如〔圖
3-11〕〔註88〕和〔圖3-12〕〔註89〕。

圖 3-11

〔清〕伊秉綬，隸書《五言聯》

圖 3-12

〔清〕伊秉綬，隸書《五字橫幅》

〔註87〕梁章鉅：《退庵隨筆》，《書林藻鑒》卷十二，文物出版社 1984 年版，第 225
　　　　頁。
〔註88〕圖 3-11〔清〕伊秉綬：隸書《五言聯》，《清代書法》，商務印書館 2001 年版，
　　　　第 169 頁。
〔註89〕圖 3-12〔清〕伊秉綬：隸書《五字橫幅》，《清代書法》，商務印書館 2001 年
　　　　版，第 170 頁。

特別值得一提的是，伊秉綬大膽的想像力使得其隸書具有強烈的裝飾意味和表現意識，顯示出了極大的造型潛力。「可以說，他與金農兩個的隸書風格具有對現代藝術的啓示意義。」〔註90〕

相較於伊秉綬之前的師法漢隸的清代碑學家，雖同是取法漢隸，但伊秉綬對漢隸風格的選擇和吸收更明確，更能化古出新，其原因不僅是他對漢碑包括審美風格、藝術價值、風格流變在內的特徵進行了深入的研究，更在於他融入了自己對漢隸的理解，並傾盡全力將自己作爲文人書家的精神特質傳達在了他的藝術作品裏。顯然，他成功了，他在實現他的藝術追求的同時，也贏得了在書法史上的一席之地。清代幾乎所有的書論者都對他的隸書給予高度評價，康有爲稱「集分書之成伊汀州也」〔註91〕，馬宗霍則說：「隸書則直入漢室，即鄧完白亦遜其醇古，他更無論矣」〔註92〕。

甚至我們可以這麼說，將漢隸形式特徵和內在氣象轉化爲完全具有個人風貌和如此境界的，古往今來，他是第一人。顯然，他在實踐和完善清代碑學主張、促成清代碑學興盛方面具有不可替代的作用。

鄧石如和伊秉綬在實踐篆隸的創作中選取了不同的風格，鄧石如在原本靜態勻整呆板的篆書中注入線條的節奏感和書寫趣味，使其篆書於高古渾穆中見流暢灑脫，而伊秉綬則將充滿動感的漢隸泯去提按頓挫的節律，使其隸書歸於古穆靜謐。這兩種不同的取法風格各自開創出了嶄新的藝術形態，從而爲其他以及後來的碑學者提供了經典的學書法則：從金石文字中汲取營養，融於一爐，融會貫通，繼而進行各種實踐和創新。這樣就可以創造出既從古人中來，又有別於甚至高於古人的書法風格。他們創造了自己的藝術風格，同時在晚清時期也掀起了碑派書法的高潮，一時名家輩出，蔚爲壯觀。

（三）清後期的碑學書風

與清前期相比，進入清代後期的碑學書家，已經普遍不再滿足於對秦、漢石刻的模仿。隨著碑版金石出土資源的日益豐富，篆、隸、金文、行、楷都可以成爲取法的對象，他們開始在此基礎上進一步追求個人風格的表現，

〔註90〕徐利明：《中國書法風格史》，河南美術出版社 1997 年版，第 490 頁。
〔註91〕康有爲：《餘論篇》，《廣藝舟雙楫》，北京圖書館出版社 2004 年版，第 215 頁。
〔註92〕馬宗霍：《伊秉綬》，《書林藻鑒》卷十二，文物出版社 1984 年版，第 225 頁。

在篆、隸、魏碑、行草各個書體方面都有了新的表現與超越，繼鄧石如和伊秉綬之後，在清代晚期掀起了碑學的高潮。這時的碑學書家主要有趙之琛、吳熙載、何紹基、莫友芝、楊沂孫、胡澍、徐三庚、楊峴、俞樾、張裕釗、趙之謙、翁同龢、吳大澂、吳昌碩、黃士陵等。

1、篆書創作

鄧石如在篆書上達到了高峰，他吸引了一大批跟隨者研習篆書，其中著名的有吳熙載、楊沂孫、徐三庚、趙之謙、吳大澂、吳昌碩等。吳熙載是包世臣的入室弟子，其篆書對鄧石如的取法最多。他的篆書結體瘦長疏朗，點畫舒展飄逸，用筆流暢爽利，雖沒有鄧石如篆書線條的中實穩固，但其篆書的靈動和活潑卻超過了前期的篆書實踐者，所以在他的篆字中可以更多地窺見書家的個性和情感。楊沂孫的篆書風格是在深入研究鄧石如的基礎上，借鑒《石鼓文》的結字特點而形成的，用筆渾厚飽滿，結字較方正，點畫較前期也稍有錯落，從而形成了代表其審美特徵的篆書風格。在清代後期趙之謙可謂繼鄧石如、伊秉綬之後的一代碑學大家。他力挺北碑，不僅將北碑的風格特點用在了楷行書上，甚至將北碑引入篆隸書體。他的篆書最初師法鄧石如，後用北碑的筆法來寫篆書，使其篆書不僅具有傳統篆書的古樸厚重，同時具有北碑造像的剛毅雄強，從而為碑派書法開闢了一條嶄新的風格路徑，清代碑學的全面興盛和繁榮，他實在功不可沒。如（圖3-13）〔註93〕。同樣地，吳大澂的篆書在清代碑學史上也取得了很高的成就，特別是他對金文書法的實踐，更是為後人學習篆書和金文開闢了新的創作

圖 3-13

〔清〕趙之謙，篆書《鐃歌冊》局部

〔註93〕圖 3-13〔清〕趙之謙：篆書《鐃歌冊》，《清代書法》，商務印書館 2001 年版，第 241 頁。

圖 3-14

〔清〕吳昌碩，篆書《臨石鼓文軸》

風格。他用小篆的筆法寫金文，把金文的斑駁和小篆的圓轉融合起來，使其篆書既有金文的活潑又有小篆的規範。

清代後期，吳昌碩是一位不能越過的碑學大家。他的書法，不管是篆、隸、眞、行、草，都有非凡的建樹。而他的篆書曾習《泰山刻石》、《琅邪臺刻石》，後主攻《石鼓文》，用筆老辣靈活，氣勢連貫流暢，線條厚重沉著，結體參差錯落但又和諧統一，既傳承了《石鼓文》的精神特質，又發揮了自身的個性特徵，極富感染力。如（圖 3-14）〔註 94〕。沙孟海先生這樣評價他的作品：「篆書爲先生名世絕品，寢饋於《石鼓》數十年，早、中、晚筆各有意態，各有體勢，與世推遷。」〔註 95〕以致後來的篆書愛好者都願意取法吳昌碩的篆書，而不願師古法。

2、隸書創作

在伊秉綬創造了隸書典範的高峰之後，陳鴻壽、何紹基、趙之謙、吳昌碩等人更是進一步地開創了隸書創作的新境界。陳鴻壽隸書取法《開通褒斜道》、《孔宙碑》、《楊淮表紀》，因此他的隸書既圓渾穩健，左右舒展，又自然天眞，再加上在隸書中穿插篆書的結體，更顯其生氣盎然。他是清代後期碑學家對隸書風格探索實踐極爲成功的一位。何紹基的隸書取法漢隸，如《張遷碑》、《衡方碑》、《乙瑛碑》、《禮器碑》《石門頌》等，他的隸書是在反覆臨摹這些漢隸的基礎上，抓住漢碑厚重古穆的內在神韻和方整端正的外形特

〔註94〕圖 3-14〔清〕吳昌碩：篆書《臨石鼓文軸》，《清代書法》，商務印書館 2001年版，第 275 頁。

〔註95〕沙孟海：《吳昌碩先生的書法》，《吳昌碩》，西泠印社 1993 年版，第 62 頁。

徵，並參之以抖動的線條和濃重的用墨，最終達到不失古法精神而又能自成氣象，故他成爲繼鄧石如、伊秉綬之後一代碑學大家。

而趙之謙的隸書則是在融合漢碑《劉熊碑》、《封龍山碑》、《武榮碑》、《三公山》以及《魏元平碑》、《谷朗碑》的基礎上自成面目的，氣象宏大；吳昌碩的隸書則是在《三公山》、《嵩山太室》、《裴岑碑》的基礎上，將石鼓文的用筆、造型與漢隸結合起來達到雄渾沉著的風格。

從以上這些書家的隸書創作可以看出，單純以傳統的重、拙、大爲主要表現方式的隸書已經不是清代後期書家重點關注對象了，書家們往往眞、草、篆、隸、行諸體樣樣精通，他們對隸書的創作是建立在融會貫通各家各體的基礎上的，這時候的創作也就不僅僅是停留在技法的層面上，而是體現了各家各人的眞實性情，是學識、趣味、審美取向的綜合體，以及時代特徵的綜合體現。

3、魏碑創作

清代碑學強調對魏碑的借鑒和臨摹，很大原因在於碑學理論上對魏碑書風的推崇。既有阮元書論對魏碑的正名，又有包世臣對魏碑用筆的推崇，更有康有爲對魏碑之美大肆渲染，如此以來，魏碑的創作得到了蓬勃發展。書家還從魏碑入手，進行了一系列的碑學實踐。趙之謙就是直接受到阮元思想的影響，在北魏造像中用功最深的一位書家。他的魏體楷書取法《龍門造像》、《張猛龍》、《鄭文公》、《李仲旋》等，其中融入了顏眞卿等書家的帖法，以宛轉流利的用筆寫方硬剛猛的魏碑。因此他的魏體楷書既有北碑造像的雄強剛毅，又有帖學的靈動流暢。他對北魏碑版的偏愛傾向，在其著述《六朝別字記》、《寰宇訪碑錄補》中表現得尤爲突出。

何紹基也正是基於阮元、包世臣等的理論，在楷書創作技法上取得了突破性成功。他以篆、隸筆意寫楷書，力求在楷體中體現出篆、隸之趣，成爲碑派楷書的典範。他的楷書風格主要來源於北魏《張黑女墓誌》、顏眞卿《麻姑仙壇記》和歐陽通《道因法師碑》。他對北魏《張黑女墓誌》極爲推崇，數十年潛心臨習，還創造了「回腕」執筆法，這種肩膀高懸，手腕迴向自身，筆尖與行筆的方向相反的作字方法雖然在初創時步履維艱，但是也創造了何紹基式的獨特藝術風格。正如劉恒所說，「他（何紹基）在取法北碑、變革書體方面的成就，標誌著碑派書法的審美原則在各種書體領域的全面落實，對晚清書風產生了深遠的影響，被稱作是『開光、宣以來書派』的一代宗主。」

〔註96〕如（圖 3-15）〔註97〕。

圖 3-15

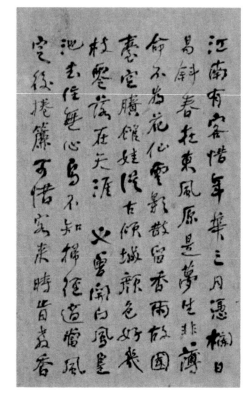

〔清〕何紹基，《落花詩冊》局部

之後如張裕釗、李瑞清、楊守敬等都是寫魏碑的名家。尤其是康有為不僅在理論上大力倡導北碑，在書法實踐上也積極臨習探索創新，最終以其深厚的學養和通透的悟性創造了魏碑書法的新貌，成為碑派書法的大家。他的魏體書於《石門銘》得力最深，又吸收了《經石峪》、《六十人造像》和雲峰山石刻，再加上顏真卿行草之意，因此其魏碑風格雄渾宕逸，精神飛動。

經過了清代前期的醞釀和後期的突起，晚清碑學從理論到實踐都已經趨於成熟，並產生出一批從作品風格到審美追求都與帖學截然不同的碑派書法家，比如鄭孝胥、沈曾植、曾熙、易孺、楊度、梁啓超等人，他們都風格特立，在實踐的過程中創造出了嶄新的個人風貌。在此風氣影響之下，碑學在清代晚期成為書學之主流。

二、碑學理論的倡導

清代前期的書學論著基本延續了前代的論著風格和內容，書學論著以帖學為主流，或品評古今書家、書跡，或記述自己的書學主張和臨池經驗，體例則大多是箚記隨筆一類，大致上反映了清初書壇的風尚意趣和取法途徑。其中比較有代表性的有倪後瞻的《倪氏雜著筆法》、姜宸英的《湛園題跋》、陳奕禧的《綠陰亭集》、陳玠的《書法偶集》、楊賓的《大瓢偶筆》、何焯的《義

〔註96〕劉恒：《中國書法史·清代卷》，江蘇教育出版社 1999 年版，第 207 頁。
〔註97〕圖 3-15〔清〕何紹基：《落花詩冊》，上海書畫出版社 2004 年版。

門題跋》、馮班的《鈍吟書要》、王澍的《論書剩語》、《翰墨指南》、《竹雲題跋》及《虛舟題跋》等，這些著作大都結合作者自身的實踐經驗，對古今書家書跡進行品評。其中不乏有獨到之處，如姜宸英、陳奕禧在論著中均已感到帖學之弊，並對明末清初備受推崇的董其昌頗有微詞。而楊賓主張學書「宜先取六朝人以前碑版細觀」，「余故謂悟得篆、籀、隸、楷一貫之道，方可學書。」〔註98〕馮班《鈍吟書要》云，「作書須自家主張，然不是不學古人；須看眞跡，然不是不學碑刻。」〔註99〕則可被看成是碑學意識的萌芽。

　　乾、嘉時期，考據學興盛，金石學、文字學因此得到很大的發展。碑學中篆、隸書體首先得到了復興，於此同時，論書者也日益關注金石碑版書跡的價值，進行了廣泛深入的搜訪和研究，碑學理論因此應運而生。碑學研究者廣泛搜羅金石碑版，排比著錄，爲碑學的發展奠定了深厚的基礎。如孫星衍的《寰宇訪碑錄》、《平津館金石萃編》，王昶的《金石萃編》，黃易的《小蓬萊閣金石目》、《嵩洛訪碑日記》等，均對金石碑學研究具有重要價值。在這個時期，著名書法家、金石學者翁方綱最具有典型的意義，他收藏了很多金石碑刻，著述更是豐富恢宏，他的《兩漢金石記》、《漢石經殘字考》、《粵東金石略》等金石學著作將金石學和書法結合起來考察書法的歷史，極大地推動了金石學對書法的介入，爲後來的碑學理論的發展奠定了基礎。可以說翁方綱是乾隆時金石碑版考證的領袖人物。

　　隨著訪碑、著錄活動的日益廣泛，古物出土也越來越多。六朝墓誌、造像開始受到重視，碑派書家的實踐也開始由篆、隸二體擴大到北魏六朝墓誌造像。嘉慶中，阮元作《南北書派論》、《北碑南帖論》，對大量的金石文獻進行了考證和梳理，挖掘出了與屬帖學一路的南朝書法相對的北朝書法。他尊碑抑帖，大力提倡六朝碑版，碑學主張遂被正式提了出來。此後，治碑學者已不僅僅局限於搜訪著錄和排比考證，更是以碑版拓本推求筆法淵源，進而總結書風演變規律，從而達到書法史的研究目的，最終爲碑學範式確立起理論的框架和結構。其蓽路藍縷、振聾發聵之功，實應歸於阮元二論。

　　繼阮元作《南北書派論》和《北碑南帖論》之後，更有包世臣著《藝舟雙楫》，他繼承發揚了阮氏觀點，推崇北碑。包氏論書，最推崇鄧石如，把鄧

〔註98〕楊賓：《論學書》，《大瓢偶筆》，《書學集成·清》，河北美術出版社，第 143～144 頁。

〔註99〕馮班：《鈍吟書要》，《歷代書法論文選續編》，上海書畫出版社 1993 年版，第 553 頁。

石如評爲國朝神品中第一人，將他確立爲書家之典範。同時他又提出萬毫齊力、全身力到等審美原則，使碑學理論除了對書法史的梳理研究外，更直接地介入了創作技法，從而成爲清代第一位完整闡述碑學理論的理論家。咸、同以後，碑派書法深入人心，風靡天下，這與包世臣的影響和極力提倡大有關係。到了這時，碑學理論不僅有理論支持，而且還有起示範作用的典範名家，於是碑學更廣爲傳播開來。

到了清代末年，碑學書法已大行書壇，碑學理論更是大放異彩。光緒十七年（1891 年），康有爲的《廣藝舟雙楫》一經問世，便立即引起國內外書壇的重視，7 年間印行就達 18 次之多，其影響遠播日本。在此書中康有爲對清代書法的發展演變作了總結。他繼承了包世臣的理論，崇碑抑帖，尤其是對南北朝碑版大加褒揚，從其源流變遷、風格特點、購藏臨習直到技法經驗，條縷分明，論證全面，堪稱碑派書法和碑學理論的集大成者。同時期葉昌熾的《語石》一書，對歷代碑刻從淵源制度、文字內容、書法風格、摹拓技術、收藏流傳到遺聞軼事等各方面進行了全面記述，也是清代碑學研究的重要著作。除此之外，當時以書法著名者如沈曾植、鄭孝胥、李瑞清等，論書既持碑學觀點，又於碑派書法實踐身體力行。作爲碑學主要理論之源的阮元、包世臣、康有爲三位書論著作，我們將留待下面章節來詳細闡發。

正是由於碑學理論的建構和完備，才使碑學「範式」深入到文人士大夫中，才使碑學「範式」的藝術觀念、審美風尚和技法規則得以廣泛傳播開來，並作爲一種學術追求引導士人學書者進入到碑學書法群體之中，進一步完善和鞏固了碑學體系。

三、書寫工具的興替

清代碑學要從金石碑刻中取法，除了要轉變書法審美觀念，技法表現也是擺在碑學書家面前的一個難題，也就是怎樣把金石碑刻中古樸斑駁的金石味融入到宣紙上從而表現士人自身的性靈才情。碑學書風的興盛不僅是由於實踐和理論的繁榮，還與完成創作實踐的工具載體息息相關。工具不僅可以表現當下的創作者的實踐，還可以爲創作者進一步探索新技法、新風格提供可能和條件。因此，清代書法在從帖學到碑學的轉換過程中，其載體宣紙以及工具毛筆等的改善和更替發揮了重要的作用。

從歷代的書寫載體來看，晉唐時期的紙張多用麻、楮皮、桑皮製作，到

宋代則出現了竹紙，並被廣泛用於書畫創作。用麻、楮皮、桑皮製作的紙容易滲墨，在書畫創作時很難駕馭，因此，在紙張初步完成之後再拖漿、填粉、加膠和上礬等方法對其進行加工，使之變爲不容易走墨的熟宣成爲必要。因這種宣紙容易駕馭和控制，因而歷來受到書畫家的喜愛。自元代後期文人畫家開創了水墨寫意畫法後，生宣的性能正好符合了水墨寫意畫對墨色的追求，因此被廣泛的使用在繪畫上。到了明末，那些既是畫家又是書法家的人又把生宣實踐在書法上，開始在生紙宣上作書，以取得縱肆酣暢、起伏跌宕的效果，像徐渭、黃道周、王鐸、倪元璐、傅山等這樣大家，都可以說爲之後清代碑學書法中生宣的廣泛使用起到探索和示範作用。

實際上，在清最初階段帖學書法還是占主導地位，所以書家一般還是使用熟宣作字居多，到了乾嘉之後，由於碑學書法的發展，生宣才得以廣泛地使用。

碑學書法師法金石碑版，如何體現金石的古拙、雄渾、厚重、剛毅等審美特質以及如何表現金石碑版由於年代久遠而產生的「金石味」，成了書法家們反覆實踐和摸索的主題，結果他們不約而同地找到了最好的表現載體，那就是生宣紙。生宣紙是一種極爲敏感的紙，無論是用墨的枯濕濃淡還是行筆的輕重緩急，乃至個體書家的性靈才情無不深刻地反映在宣紙上，這既給書家以無限的創造空間，也給觀眾以無限的想像空間。

清代碑學的興盛除了與書法的表現載體宣紙有關外，還與書寫工具毛筆的轉變分不開。清代碑學家們將羊毫甚至是長鋒羊毫作爲書寫金石碑版的首選。作爲書法的首要工具，毛筆的好壞直接關係到書寫者的創作情緒繼而影響到書法的表現水準。

歷代書法筆性概分爲兩種：勁健與柔軟。前者稱爲硬毫，指的是紫毫、狼毫，後者稱爲軟毫，指的是羊毫。用硬毫作字，則較爲蒼勁，鋒芒棱角較爲顯露，看起來較有骨力；而軟毫作字則體態較爲腴潤，有安詳之象。從使用方面來說，硬毫容易駕馭，軟毫則相反。羊毫彈性小，書寫不易得力，寫出來的字往往柔弱無力，因此歷代書家都慎用長鋒羊毫。自古以來，書家用筆，一向以紫狼毫爲正宗，因其可以寫出挺拔俊健的字來。朱履貞《書學捷要》云：「夫工欲善其事，必先利其器，而況書法精微，揮運之際，全賴筆毫相稱。古來書家，自明季邢、王、文、祝以上，從未有以羊毫弱筆之書得傳後世者。……夫書不工，猶可求之於法，並器具而失之，則不可爲矣。曹秋岳雲：『白蠟打紙，筆墨不入，光亮耀目而已。』若羊狼毛筆、白蠟紙，作軟

媚無骨之書，寧不有背古人乎？」〔註100〕

清代碑學家對毛筆的選擇發生改變，很大的原因是由於生宣紙的廣泛使用。吸水性強是生宣紙一大特性，硬毫因含墨少，出水快，在生宣上寫字，如蘸墨太多則一落筆就隨即暈開，如蘸墨太少則又有骨無肉，枯瘠乏韻。而羊毫卻有含墨多、出水慢的特性，當碑學書家在寫篆、隸、魏碑的時候，往往行筆速度較慢，如果用硬毫則會出現墨多而點畫臃腫肥軟，墨少而點畫浮躁乾扁的局面，用羊毫寫篆、隸、魏碑則更容易控制用墨的均勻度，從而達到古樸厚重的金石效果，接近秦漢碑刻的精神風貌。石濤曾在題款中記下自己用羊毫寫字時的樂趣：「打鼓用杉木之搥，寫字拈羊毫之筆，卻也快意一時。千載之下，得失難言。」〔註101〕梁同書也主張寫篆書「筆要軟、軟則遒；筆頭要長，長則靈；墨要飽，飽則腴，落筆要快，快則意出」。〔註102〕然而羊毫性柔，必須要有正確的執筆運轉技能才能達到最好的效果。也就是說要肘腕俱懸，管隨字轉，平鋪筆毫，中鋒用筆，點畫中實氣滿，遒厚凝重，才能最終達到碑刻金石之味。

因此羊毫筆受到了清代碑學家的廣泛青睞，筆鋒也由短慢慢地變長，到了清代中期，長鋒羊毫已風靡清代書壇。顧名思義，長鋒羊毫指筆鋒較長的羊毫，它的筆毫更為柔軟，更能蓄墨，使得每一筆畫都能夠做到墨色充足，氣韻連貫，達到「筆軟則奇怪生焉」。〔註103〕

鄧石如在運用長鋒羊毫發揮其特殊性能方面，可謂樹立了一個成功的典範。他使用長鋒羊毫，懸腕雙鈎，五指齊力，管隨指轉，筆鋒自正，筆端著紙，如錐畫沙，筆法遲重拙厚一絲不懈，故其篆、隸、草、正皆有博大精深的氣象。鄧石如風格之所以能形成，長鋒羊毫實在功不可沒。包世臣在總結歷代法書時就將鄧石如的書作評為「神品」，這不僅使其碑學理論得到更為廣泛的傳播，連同其碑學技法——用筆、執筆、結體和章法等，也得到了人們的認可，並從此傳播開來。

〔註100〕朱履貞：《書學捷要》，《歷代書法論文選》，上海書畫出版社 1979 年版，第610 頁。

〔註101〕石濤：《石濤書畫全集》上卷，第58圖，天津人民美術出版社 1995 年版，第79 頁。

〔註102〕梁同書：《頻羅庵論書》，《書學集成·清代卷》，王伯敏等編，河北美術出版社 2002 年版，第 363 頁。

〔註103〕蔡邕：《九勢》，《歷代書法論文選》，上海書畫出版社 1979 年版，第 6 頁。

　　之後的碑派書家擅長長鋒羊毫而有記載的有姚元之、王文治、張裕釗、趙之謙、陳介祺、何紹基等。而何紹基用長鋒羊毫寫篆隸，更被潘伯鷹稱為：「功力深厚，有清一代的羊毫筆到他才算集大成而收了前所未有的效果。」〔註104〕

　　在碑學理論和碑派書法的發展過程中，正是由於長鋒羊毫和生宣紙才使得碑學特殊的筆墨和技法得以發揮，從而更好地展現出碑學獨特的風格和效果。可以說它們已經從簡單的書寫工具上陞為碑學書派的美學象徵，為碑學開拓新的藝術境界做出了莫大的貢獻。長鋒羊毫、生宣紙和碑刻一起共同開拓了書法新的表現形式和表現手法，成為了碑派書法作品中缺一不可的組成部分。「從某種意義上說，長鋒羊毫和生宣紙給清代碑學書法運動帶來的突破和收穫甚至比碑派書法的母體──金石碑刻還要豐富和顯著。」〔註105〕

　　至此，清代碑學實踐走完了以清初取法漢魏碑刻書跡為始到清代晚期達到鼎盛的過程，清代碑學書法理論也在碑學實踐及金石考據基礎上，建立了系統的碑學理論體系，其中以阮元、包世臣、康有為的碑學理論為代表，再加上在實踐與理論相互發展中對書寫工具材料的選擇和改變，最終真正形成了一個既有藝術主張，又有實踐成果的碑學書法藝術流派體系。

〔註104〕潘伯鷹：《中國書法簡論》，上海人民美術出版社1981年版，第142頁。
〔註105〕劉恒：《中國書法史》，江蘇教育出版社1999年版，第242頁。

第四章　碑學範式主要內容和特點

　　自清代碑學書法的實踐興起以來，對碑學的師法淵源、技法規則、審美觀念以及審美風格的理論表述就沒有停止過，比如傅山提出了「四寧四毋」、鄭板橋自創「六分半」書、金農以「華山片石」為法等，但真正形成理論表述、明確提出碑學理論、并對碑版石刻的審美風格和技法規則在理論上進行系統表述的，則是以阮元的《南北書派論》和《北碑南帖論》為肇始、包世臣的《藝舟雙楫》和康有為《廣藝舟雙楫》為繼續的理論作品。他們碑學話語體系的建構，直接衝擊了傳統帖學範式的觀念體系，使學書者開始自覺地從碑版刻石的角度來思考書法藝術，來構建碑學書法的歷史源流、審美形態和技法體系，從而轉變了人們傳統的書法觀念和審美取向。可以說，碑學理論的建立，是碑學範式建立的標誌。碑學理論的建立，為後來學碑者提供了可供借鑒和取法的書法觀念和範例，使學碑者能循此進入到碑學書法共同體之中，從而形成了晚清碑學的高峰。這正如丁文雋的《書法精論》在論述碑學時所說：「至清金農、鄭燮發其機；阮元導其源；鄧石如揚其波；包世臣、康有為助其瀾，始成巨流耳」。〔註1〕

　　阮元、包世臣、康有為作為清代碑學理論的主要倡導者和建構者，三者的理論都以復興古法為旨，從碑版金石考證文獻入手，挖掘和梳理了被帖學書法史所遮蔽的碑學歷史源流，重新建立和追認了碑學經典書作和名家體系，並以此為基礎，從碑版石刻的古拙、厚重、質樸、雄強的審美形態中，建立起一套完整的北碑品評標準和書寫的技法體系，從而把碑學從觀念形態

〔註1〕　丁文雋：《書法精論》上編，中國書店 1983 年版，第 69 頁。

引入到實踐操作層面，確立碑學的理論框架。可以說，正是有了理論的建構，碑學才真正確立起了自己的史學地位和理論品格，才把帖學從正典地位降為書法史中的一種藝術流派，改變了傳統書法史的格局，開啟了以後的碑帖並爭的局面。

當然，碑學理論的出現，是伴隨著晚明以來碑學實踐的逐漸壯大而出現的。有清一代，碑學家從漢魏晉碑版、金石、鍾鼎等多種對象中取法，表現出篆、隸等多種書體爭奇鬥豔的形態。正是有了清代碑學實踐的興起和壯大，才催生了阮元、包世臣、康有為的碑學理論，而他們的碑學理論反過來又進一步指導了碑學實踐，在晚清形成了聲勢浩大的碑學運動。下面我們就從碑學範式的書法史觀、碑學範式的典範書家和書作、審美觀念以及技法規則來分類梳理分析碑學範式的內容和特點。

一、書法藝術觀念

清代碑學的興起和確立，首先對帖學書法的藝術觀念造成了衝擊，帖學範式建立起的名家法帖體系開始受到質疑，導致碑學理論家轉向對金石碑版文獻的考證來重新梳理書法史。正是在對碑刻書法的歷史追溯中，以前被帖學範式排斥在體系之外的漢魏晉碑刻書法開始被重視，並進入到書法史家視野之中，被重新賦予了古法的地位。而漢魏晉碑刻所體現出來的與帖學風格不同的古拙、質樸、雄強的審美風格和「古法」源頭，也就成為碑學「尊碑抑帖」的立論基點，並被用來評價歷代書家和書作。鄧石如、伊秉綬、吳昌碩等清代碑學書家的成功實踐也為碑學確立了典範，以示範作用引導學書者進入到碑學群體之中。也正是在對它們的臨仿和學習中，碑學書家共同體逐漸形成，碑學話語體系漸趨建構起來，成為人們重新思考書法藝術的一種新視角。而這些都是源於帖學到碑學範式轉換所導致的書法認識觀念和視野的轉變，正如庫恩所說：「與以前一樣的同一堆資料，但通過給它們一個不同的框架，使它們處於一個新的相互關係系統中了。」〔註2〕也就是說與以前以名家法帖為中心不同，清代碑學家開始從碑版書跡及其審美觀念來看待書法及其歷史。「這種重建改變了研究領域中某些最基本的理論概括，也改變了該研

〔註2〕 〔美〕托馬斯‧庫恩，金吾倫等譯：《科學革命的結構》，北京大學出版社 2006 年版，第 78 頁。

究領域中範式的方法和應用。」〔註3〕也就是在對書法史的重新梳理中，碑學
找到了屬於自己的歷史、自己的審美形態和技法體系。雖然碑學並沒有完全
否定所有帖學基礎，但是我們發現，不論是對書法藝術的理解、對書法作品
的評價還是對書法技法的認識，都完全不同於從前了。

（一）碑學書法觀念的建構

1、阮元的碑學史觀

18世紀，阮元如同大多數經學家一樣，鑽研古代注疏以期恢復儒家經典
本義。在這種重歸經典的學術影響下，阮元把目光聚焦到了出土的碑刻書法
上，通過文獻金石考證，他發現並建構了書法源流的另一個經典，即千百年
來被帖學所遮掩的碑刻書法。由此碑刻書法在歷史上首次進入到士人學者眼
中，並被賦予了書法始源的地位。正是通過《南北書派論》和《北碑南帖論》
兩篇書論，阮元改變人們對於書法源流的認識，打破了中國傳統書法的格
局，形成了碑帖並存的局面。可以說阮元開啟了新的書法範式的序幕，揭開
了對碑學書法結構體系的認識。從此，建立在帖學範式基礎上的書法觀念也
隨之改變。可以說短短的《南北書派論》和《北碑南帖論》兩篇書論，在中
國書法史上影響巨大，與晚明和清初的碑派書家理論相比，阮元的「理論超
越已擺脫單純反對帖學的現實需要，而是將尚碑上陞到碑學這樣一個史學的
高度，並由此改變了書法史的格局，將書法從晉唐一體化的帖學桎梏中拯救
出來，開啟了近代化的源流。」〔註4〕它無疑起到了「伐木開道，作之先聲」
〔註5〕之功，其後的碑學理論家，無論是在書法觀念闡釋上還是在審美風格
取向上，無一不是在阮元《南北書派論》和《北碑南帖論》中所確立的理論
框架下深入延展，並最終建構起整個清代的碑學書法理論話語體系的。

在《南北書派論》和《北碑南帖論》這兩篇文章裏，阮元通過金石考證
和史料文獻研究，認為在中國書法史上由隸書轉變成為正、行、草的過程中
（其轉移皆在漢末魏晉之時），書法形成了南北兩種不同流派，它們在書體、
風格、書家譜系等方面都大相徑庭。

〔註3〕 〔美〕托馬斯·庫恩著，金吾倫等譯：《科學革命的結構》，北京大學出版社
　　　　2006年版，第79頁。
〔註4〕 姜壽田：《中國書法理論史》，河南美術出版社2004年版，第157頁。
〔註5〕 康有為：《尊碑篇》，《廣藝舟雙楫》，北京圖書館出版社2004年版，第35頁。

「元謂書法遷變，流派混淆，非溯其源，曷返於古？蓋由隸字變爲正書、行草，其轉移皆在漢末、魏、晉之間；而正書、行草之分爲南、北兩派者，則東晉、宋、齊、梁、陳爲南派，趙、燕、魏、齊、周、隋爲北派也。南派由鍾繇、衛瓘及王羲之、獻之、僧虔等，以至智永、虞世南；北派由鍾繇、衛瓘、索靖及崔悅、盧諶、高遵、沈馥、姚元標、趙文深、丁道護等，以至歐陽詢、褚遂良。南派不顯於隋，至貞觀始大顯。然歐、褚諸賢，本出北派，洎唐永徽以後，直至開成，碑版、石經尙沿北派餘風焉。南派乃江左風流，疏放妍妙，長於啓牘，減筆至不可識。而篆隸遺法，東晉已多改變，無論宋、齊矣。北派則是中原古法，拘謹拙陋，長於碑榜。」〔註6〕

我們用一個簡表來展現其南北書派的內容與區別：

專案 \ 派別	南　派	北　派
時代	東晉、宋、齊、梁、陳	趙、燕、魏、齊、周、隋
地區	江左	中原
書家譜系	鍾繇——衛瓘——王羲之——王獻之——王僧虔——蕭子雲——智永——虞世南	鍾繇——衛瓘——索靖——崔悅——盧諶——高遵——沈馥——姚元標——趙文深——丁道護——歐陽詢、褚遂良
書體及載體	行草、尺牘、	篆隸、碑版
書跡源流	行草減筆至不可識，而篆隸遺法多所改變，宋帖展轉摹勒，不可究詰	篆隸中原古法，其書於碑，古人遺法多存者
風格	南派風流、疏放妍妙	拘謹拙陋、筆法勁正遒秀

阮元認爲從漢末以來到漢魏南北朝時期，由於南北地域的隔絕，形成了風格極爲不同的南北兩派。北派重碑版，延續了「中原古法」，是本於篆隸而來的，而南派重縑楮（尺牘）。但由於「至唐初，太宗獨善王羲之書……始令王氏一家兼掩南北矣。趙宋《閣帖》盛行，不重中原碑版，於是北派愈微矣」。〔註7〕加至「元、明書家，多爲《閣帖》所囿，且若《禊帖》之外，更無書法。」〔註8〕因此，中國傳統書法就從王氏一家帖學所代表的南派書法延續至今，然其筆法和風格特色已經衰微，無正統傳承，不足以成爲取法對象。而以「古

〔註6〕 阮元：《南北書派論》，《揅經室集》三集卷一，中華書局1993年版，第591頁。
〔註7〕 阮元：《南北書派論》，《揅經室集》三集卷一，中華書局1993年版，第591頁。
〔註8〕 阮元：《南北書派論》，《揅經室集》三集卷一，中華書局1993年版，第596頁。

法傳承」的北派卻被南派所掩蓋，不被人所知。阮元正是要恢復北碑古法地位，重振書藝。

　　從阮元的《南北書派論》和《北碑南帖論》來看，阮元認為南派不足為法，主要有如下一些觀點：其一，南派書法遠離古法，「篆隸遺法多所改變，復隸古遺意」，於「中原古法」已遠。其二，南派書法「疏放妍妙，減筆至不可識」。其三，南派盛行《閣帖》，而《閣帖》輾轉刻摹，不可究詰，失去原有風貌。；其四，南派書家多宗北法，從南派書家師承上證明北碑書法始源地位：「歐、褚諸賢，本出北派。」〔註9〕

　　從這裡可見，阮元從風格、筆法、書法傳承譜系方面論證了南派書法的不足為法，從而也就還原了北派的古法始源地位。而阮元通過史料揭示書分南北書派的目的，也就是要提倡北碑，上溯漢魏古法，重新挖掘出被帖學體系所掩蓋的篆、隸書體為主的北碑體系。「要之漢、唐碑版之法盛，而鍾鼎文字微；宋、元鍾鼎之學興，而字帖之風盛。若其商榷古今，步趨流派，擬議金石，名家復起，其誰與歸？」〔註10〕「學者昧於書有南北兩派之分，而以唐初書家而盡屬羲、獻」。〔註11〕因此學書者，應該棄行草、遠南帖而學篆隸。「所望穎敏之士，振拔流俗，究心北派，守歐、褚之舊規，尋魏、齊之墜業，庶幾漢、魏古法不為俗書所掩，不亦褘歟！」〔註12〕

　　通過這兩篇文章，阮元初步建立了碑學理論的基本框架。首先，阮元重塑北碑的邏輯立足於「古」這一時間概念。阮元回溯古法的原因，簡單來說就是復古以出新，從古法中找到變革帖學時弊的方法。在中國書法藝術史裏面，雖然歷代書論裏面都有對古法的不同闡釋，但普遍都把「古法」作為書法的最高理想和標準，即所謂的「古質而今妍」、「與古為徒」、「復古出新」。而清代碑學回溯的「古法」就是漢魏碑刻書跡，漢魏碑刻書跡不僅上承秦漢以來篆、隸書體，還下開隋唐真、行書體，回溯漢魏碑版書跡不僅能復興篆、隸書體，還能一改帖學軟媚之流弊，重續書法的正統流脈。這也正是包世臣、康有為書論中論述碑學時所採取的邏輯起點。

　　其次，阮元通過對北碑歷史的梳理，將中國書法劃分為南北二派，碑學

〔註9〕　阮元：《南北書派論》，《揅經室集》三集卷一，中華書局 1993 年版，第 591
　　　　　～596 頁。
〔註10〕　阮元：《北碑南帖論》，《揅經室集》三集卷一，中華書局 1993 年版，第 598 頁。
〔註11〕　阮元：《南北書派論》，《揅經室集》三集卷一，中華書局 1993 年版，第 593 頁。
〔註12〕　阮元：《南北書派論》，《揅經室集》三集卷一，中華書局 1993 年版，第 596 頁。

和帖學兩大類，把帖學降爲和碑學同列的流派，奠定了碑學在書法史上的地位，這成了碑學在理論上正式建立的標誌。碑帖對舉，打破了歷代以南派「二王」爲中心的帖學系統，在帖學系統之外，挖掘和建構起了另外一個系統——碑學系統，這就確立起了碑學的史學地位。此時碑學書家、作品、審美風格、書體、技法也就正式被納入文人的視野，進入到傳統書學體系之中。它們不僅作爲一種書法審美風格被繼承與學習，而且還被視爲書法史上一種具有淵源和師承體系的書法傳統。這也是碑學理論家所著力闡釋的重心所在。

　　阮元此論一出，在清代影響極大，不僅碑學理論家如包世臣、康有爲受其影響，書家也開始關注碑版刻石書跡和審美風格，並以之爲法。其時，清代書家錢泳在其《履園叢話》中就曾記載：「先生出示《南北書派論》一篇，其略曰『書法遷變，流派混淆，非溯其源，曷返於古，』眞爲確論。余以爲如蔡、蘇、黃、米及趙松雪、董思翁輩亦昧於此，皆以啓牘之書作碑榜者，已歷千年，則近人有以碑榜之書作啓牘者，亦毋足怪也。」〔註13〕

2、包世臣的碑學史觀

　　如果說阮元的《南北書派論》和《北碑南帖論》是清代碑學在理論上正式建立的標誌的話，那麼包世臣的《藝舟雙楫》則是在阮元的基礎上對碑學理論的深入研究。包氏對碑學歷史的研究不像阮元那樣從南北書派劃分和書家的傳承關係上作系統論證，而是對北碑書作的技法體系做系統的詮釋與清理，並以此爲基點，來品評歷代書家書作，從而建立起碑學技法理論體系。他結合大量北朝碑版對北碑的藝術風格和技巧特點進行了詳細具體的列舉和論證。包世臣發現，北碑能融彙各體筆法，上承篆分筆法，下開唐人書法，布白源於漢隸而筆畫直追《石鼓》。「北碑體多旁出，《鄭文公碑》字獨眞正，而篆勢、分韻、草情畢具。其中，布白本《乙瑛》、措畫本《石鼓》，與草同源，故自署曰草篆，不言分者，體近易見也。以《中明壇題名》、《雲峰山五言》驗之，爲中嶽先生書無疑。碑稱其『才冠秘穎，研圖注篆』，不虛耳。」〔註14〕而且，包世臣所提出的「始艮終乾、始巽終坤」、「中實」、「大小九宮」之說、「計白當黑」、「左右牝牡相得之致」、「氣滿」等技法術語都是來自北碑。他還以此來品評歷代書家和書作，如：「北碑字有定法，而出之自在，故多變態；唐人書無定勢，而出之矜持，故形板刻。」〔註15〕「唐以前書，皆始艮

〔註13〕錢泳：《書學》，《履園叢話》十一上，中華書局1979年版，第288頁。
〔註14〕包世臣：《歷下筆譚》，《藝舟雙楫》，北京圖書館出版社2004年版，第51頁。
〔註15〕包世臣：《歷下筆譚》，《藝舟雙楫》，北京圖書館出版社2004年版，第62頁。

終乾，南宋以後書，皆始巽終坤。」〔註16〕，「大凡六朝相傳筆法，起處無尖鋒，亦無駐痕；收處無缺筆，亦無挫鋒，此所謂不失篆分遺意者。虞、歐、褚、陸、李、顏、柳、范、楊，字勢百變，而此法無改，宋賢唯東坡實具神解，中嶽一出，別啓旁門；吳興繼起，古道遂湮。」〔註17〕這裡，北碑技法不僅成爲包世臣碑學理論的中心，也成爲他品評歷代書作的標準，其對北碑的推崇可見一斑。而正是通過分析和闡釋北碑書作，包世臣建立起了完備詳整的碑學技法體系。他既確立了北碑技法和書作的典範地位，也爲清代碑派書法的實踐指明了可供借鑒的門徑和方法，建立了可與帖學一爭高下的技法體系，使碑學在清代書壇獲得了牢固的地位。康有爲這樣評價包世臣：「涇縣包氏以精敏之資，當金石之盛，傳完白之法，獨得蘊奧；大啓秘藏，著爲《安吳論書》，表新碑，宣筆法，於是此學如日中天。迄於咸、同，碑學大播，三尺之童，十室之祉，莫不口北碑，寫魏體，蓋俗尚成矣。」〔註18〕

包世臣不僅在理論上闡發其碑學觀點，而且在實踐上也積極付諸行動。包世臣曾師從鄧石如，他的書法創作以北碑爲主要格調，乃清代碑學從理論到實踐都統一在北碑上的第一個典型代表。其書與論相結合，對清代後期書法影響很大，正如何紹基所說：「包愼翁之寫北碑，蓋先於我二十年，功力既深，書名甚重於江南，從學者相矜以包派。」〔註19〕包世臣在《歷下筆譚》也曾記載受自己書法理論影響的書家群體，「《述書》、《筆譚》稿出，錄副者多，江都梅植之蘊生、儀徵吳廷颺熙載、甘泉楊亮季子、高涼黃洵修存、余姚毛長齡仰蘇、旌德姚配中仲虞、松桃楊承注挹之，皆得其法，所作時與余相亂。」〔註20〕

3、康有為的碑學史觀

光緒十五年（1889）碑學集大成之作，康有爲的《廣藝舟雙楫》出版。康有爲自言，取名《廣藝舟雙楫》的含義，就是要在包世臣《藝舟雙楫》基礎上推而廣之，「惟涇縣包氏，鈲之揚之。今則摯之衍之。」〔註21〕

〔註16〕 包世臣：《述書上》，《藝舟雙楫》，北京圖書館出版社 2004 年版，第 13 頁。
〔註17〕 包世臣：《跋榮郡王臨快雪內景二帖》，《藝舟雙楫》，北京圖書館出版社 2004 年版，第 126 頁。
〔註18〕 康有爲：《尊碑篇》，《廣藝舟雙楫》，北京圖書館出版社 2004 年版，第 37 頁。
〔註19〕 何紹基：《跋張黑女墓誌拓本》，《何紹基詩文集》卷九，嶽麓書社 1992 年版，第 439 頁。
〔註20〕 包世臣：《述書上》，《藝舟雙楫》，北京圖書館出版社 2004 年版，第 22 頁。
〔註21〕 康有爲：《自敘篇》，《廣藝舟雙楫》，北京圖書館出版社 2004 年版，第 7 頁。

　　《廣藝舟雙楫》，全書除《自敘》一篇之外共六卷二十七篇，卷一、卷二主要論述書體源流，分別爲：原書篇、尊碑篇、購碑篇、體變篇、分變篇、說分篇、本漢篇；卷三、卷四品評歷代碑版和審美風格，分別爲：傳衛篇、寶南篇、備魏篇、取隋篇、卑唐篇、體系篇、導源篇、十家篇、十六宗篇、碑品篇、碑評篇、餘論篇，可謂是全書的核心。卷五、卷六討論筆墨技巧與學書經驗，分別是：執筆篇、綴法篇、學敘篇、述學篇、榜書篇、行草篇、干祿篇、論書絕句篇。全書通過尊碑抑帖體現了康有爲變法求新的思想。爲了明晰康有爲的碑學理論，我們將各章按照其類別性質列表如下：

概論	史　論	碑　學	帖學	技法	教育	實用書法	雜談	附錄
敘目原書	體變、分變、說分、本漢、傳衛、寶南、備魏、卑唐	尊碑、體系、導源、十家、十六宗、碑品、碑評	行草	執筆綴法	學敘購碑	榜書干祿	餘論	述學論書絕句

　　從中可見，康有爲論書可謂體備詳周，從書之起源（原書篇）到實用干祿之書，從尊碑到購碑，都圍繞核心思想尊碑抑帖來展開論述，而全書的論述無不體現出康有爲進化變易和復古出新的思想理念。

　　康有爲的書論和他的政治思想緊密聯繫在一起。綜觀康有爲的思想可知，他主要受到傳統變易觀和西方進化論思想的影響，而他本身又是今文經學的集大成者，因此在他的書論裏可以說有兩個思想是貫穿始終的，那就是求變的歷史進化觀和復古以出新的思想。此種思想在康有爲《廣藝舟雙楫》裏面，就直接凝煉爲這一點：從帖學到碑學的轉換乃是歷史進化規律的體現，碑學的出現體現了事物的發展變化。因此他把書法分爲新黨與舊學、今學與古學，其尊碑抑帖的思想，就在今與古、新與舊分別中體現出來。同時他還把復古思想納入到自身的進化理論體系之中，強調取法和復興漢魏古法，從歷時的角度把北碑尊爲古法，從共時的角度把取法碑版書跡的書學稱之爲新黨。這就構成了康有爲獨特的闡釋書法的視角。

　　康有爲的歷史進化論反映到其書法論著中就是：「變者，天也。」〔註22〕「書學與治法，勢變略同。周以前爲一體勢，漢爲一體勢，魏、晉至今爲一體勢，皆千數百年一變；後之必有變也，可以前事驗之也。」〔註23〕這種變

〔註22〕康有爲：《原書篇》，《廣藝舟雙楫》，北京圖書館出版社2004年版，第24頁。
〔註23〕康有爲：《原書篇》，《廣藝舟雙楫》，北京圖書館出版社2004年版，第29頁。

化，康有爲認爲是不以人的意志爲轉移的規律，「由秦分而變漢分，自漢分而變眞書，變行草，皆人靈不能自己也。」〔註 24〕因此，他認爲書法發展到清代後期，法帖由於輾轉刻摩，晉唐古法已不可尋，碑學興起乃是天理使然。「國朝之帖學，薈萃於得天（張照）、石庵（劉墉），然已遠遜明人，況其他乎！流敗既甚，師帖者絕不見工。物極必反，天理固然。道光之後，碑學中興，蓋事勢推遷，不能自己也。」〔註 25〕碑帖之變，符合歷史發展的潮流，而自己所倡導的碑派書法正是順應了創新求變的歷史潮流。

　　因此他認爲阮元、包世臣、鄧石如、趙之謙等人爲代表的書者正是新黨，他們順應了書法變革的潮流，乃時風所趨，「蓋天下世變既成，人心趨變，以變爲主；則變者必勝，不變者必敗，而書亦其一端也。夫理無大小，因微知著，一線之點有限，而線之所引，億兆京陔而無窮，豈不然哉！故有宋之世，蘇、米大變唐風，專主意態，此開新黨也；端明篤守唐法，此守舊黨也。而蘇、米盛而蔡亡，此亦開新勝守舊之證也。近世鄧石如、包愼伯、趙撝叔變六朝體，亦開新黨也，阮文達決其必盛，有見夫！」〔註 26〕

　　在其復古出新思想影響下，他認爲學書要回溯六朝。「學以古法爲貴，故古文斷至兩漢，書法限至六朝。」〔註 27〕、「故學者有志於古，正宜上法六朝。」〔註 28〕它們正是康有爲所倡導的古法所在，因此以唐爲界，康有爲認爲「約而論之，自唐爲界，唐以前之書密，唐以後之書疏；唐以前之書茂，唐以後之書凋；唐以前之書舒，唐以後之書迫；唐以前之書厚，唐以後之書薄；唐以前之書和，唐以後之書爭；唐以前之書澀，唐以後之書滑；唐以前之書曲，唐以後之書直；唐以前之書縱，唐以後之書斂。」〔註 29〕正是在疏與密、茂與凋、舒與迫、厚與薄、和與爭、曲與直……之間的對比之中，可以見出康有爲對唐之後書作的詬病，對唐之前書作的推崇。

　　在唐之前的書作中，康有爲對漢魏古法情有獨鍾，認爲其「備眾美，通古今，極正變，足爲書家極則者」。〔註 30〕而且認爲漢魏處於隸與楷變化的時

〔註 24〕康有爲：《原書篇》，《廣藝舟雙楫》，北京圖書館出版社 2004 年版，第 29 頁。
〔註 25〕康有爲：《尊碑篇》，《廣藝舟雙楫》，北京圖書館出版社 2004 年版，第 32 頁。
〔註 26〕康有爲：《卑唐篇》，《廣藝舟雙楫》，北京圖書館出版社 2004 年版，第 170 頁。
〔註 27〕康有爲：《卑唐篇》，《廣藝舟雙楫》，北京圖書館出版社 2004 年版，第 168 頁。
〔註 28〕康有爲：《導源篇》，《廣藝舟雙楫》，北京圖書館出版社 2004 年版，第 195 頁。
〔註 29〕康有爲：《餘論篇》，《廣藝舟雙楫》，北京圖書館出版社 2004 年版，第 222 頁。
〔註 30〕康有爲：《十六宗篇》，《廣藝舟雙楫》，北京圖書館出版社 2004 年版，第 205頁。

期，上承秦漢篆隸，下開隋唐楷法，極盡變化，「吾謂書莫盛於漢，非獨其氣體之高，亦其變制最多，皋牢百代。杜度作草，蔡邕作飛白，劉德升作行書，皆漢人也。晚季變眞楷，後世莫能外，蓋體制至漢，變已極矣。」〔註31〕除了對漢魏古法的尊崇外，康有爲還認爲漢魏時期是書法創造的鼎盛時期。這一時期書作湧動著雄渾樸茂的生命活力，競相綻放出瑰偉奇麗，此乃帖學少有，「北碑當魏世，隸、楷錯變，無體不有，綜其大致，體莊茂而宕以逸氣，力沉著而出以澀筆，要以茂密爲宗，當漢末至此百年，今古相際，文質斑斕，當爲今隸之極盛矣。」〔註32〕這種不可抑制的創造力和生命的活力正是康有爲在晚清時運變革之時，極力呼喚的民族精神和藝術精神。

因此，康有爲強調「法古」、師法北碑的眞正目的是想通過復興北碑書法的精神，來矯正帖學的時弊，重振書藝。他還明確提出了尊碑抑帖之說：「今日欲尊帖學，則翻之已壞，不得不尊碑：欲尚唐碑，則磨之已壞，不得不尊南、北朝碑。尊之者，非以其古也：筆畫完好，精神流露，易於臨摹，一也：可以考隸楷之變，二也：可以考後世之源流，三也：唐言結構，宋尚意態，六朝碑各體畢備，四也：筆法舒長刻入，雄奇角出，迎接不暇，實爲唐、宋之所無有，五也：有是五者，不亦宜於尊乎！」〔註33〕

康有爲用進化變易和復古出新的觀點，建立起了以北朝書法爲中心的碑學體系。相較於阮元或包世臣的碑學體系，我們可以看到，康有爲不僅僅從歷史本源即古法角度來強調碑學的正典地位，更重要的是，康有爲的書法論著還建立在對碑學精神面貌的訴求上。在晚清內憂外患的雙重壓力之下，帖學雅致、蕭散超逸的情致已經不能承載士人的精神情懷，而碑學雄強、古拙、厚重、方正的精神氣象正好契合了當時士人求新求變的革新精神，這也正是碑學興起、帖學衰微的根源之所在。

（二）碑派典範書家和書作的確立

對於中國書法特有的學書體系來說，碑學範式想要眞正確立，除了對傳統書法史的重新梳理外，還必須確立一些經典的書家和書法作品作爲典範，來引導士人進入碑學範式的體系中。正如帖學範式有王羲之爲首的名家譜系

〔註31〕康有爲：《體變篇》，《廣藝舟雙楫》，北京圖書館出版社 2004 年版，第 64 頁。
〔註32〕康有爲：《體變篇》，《廣藝舟雙楫》，北京圖書館出版社 2004 年版，第 64 頁。
〔註33〕康有爲：《尊碑篇》，《廣藝舟雙楫》，北京圖書館出版社 2004 年版，第 37 頁。

作爲取法範例一樣，碑學書家也必須建立起這樣的一套名家譜系。通過這些範例的樹立，既起到了示範效應，同時又把碑學範式的審美觀念和技法展示出來。正如庫恩所認爲：「範例正是把思想直接傳播出來的方式。」〔註34〕使學書者通過對範例的學習和臨仿，掌握碑學技法、審美觀念乃至書法藝術觀念，從而進入到碑學書家共同體之中。

從阮元、包世臣、康有爲的碑學書法理論中，我們可以清晰看到，他們在對書法史重新梳理過程中，也梳理和確立了碑學書法體系的典範書家和經典書作，爲碑學書家群體建立了可供取法和傚仿的書家和作品。而通過分析阮元、包世臣、康有爲他們三者書論中的碑學典範書家和書作確立的標準，可以見出書法評價體系標準的變化。下面就對他們所確立的經典書作和經典書家進行梳理和分析。

1、阮元書論中的碑學書家和書作

阮元承續考據學風的傳統，結合金石碑版，從《北史》、《魏書》、《齊書》、《周書》、《水經注》、《金石略》所列書家中，梳理出一批被帖學書法史所遺忘的北派書家譜系：索靖——崔悅——盧諶——高遵——沈馥——姚元標——趙文深——丁道護。認爲他們上承鍾繇、衛瓘的「中原古法」，「筆法勁正遒秀」，本於篆、隸而來。可見，篆、隸古法成爲阮元品評北派名家的標準。

但這些書家在書史上鮮爲人知，因此爲了確立其北派的典範地位，阮元在此基礎上，把南派書家也劃歸於碑學一派，認爲唐代著名書法家褚遂良、歐陽詢、顏眞卿也取法於北派。「歐、褚諸體實魏、齊諸碑之苗裔。」〔註35〕「即如魯公楷法亦從歐、褚北派而來，其源皆出於北朝，而非南朝二王派也。《爭座位》稿如鎔金出冶，隨地流走，元氣渾然，不復以姿媚爲念，夫不復以姿媚爲念者其品乃高，所以此帖爲行書之極致，試觀北魏《張猛龍碑》後有行書數行，可識魯公書法所由來矣。」〔註36〕而在《北碑南帖論》中甚至將蔡襄、趙孟頫、董其昌這些帖學大家的楷書也歸於北派，「宋蔡襄能得北法，

〔註34〕〔美〕托馬斯・庫恩著，金吾倫譯：《科學革命的結構》，北京大學出版社 2006 年版，第 164 頁。

〔註35〕阮元：《摹刻天發神讖碑碑跋》，《揅經室集》三集卷一，中華書局 1993 年版，第 600 頁。

〔註36〕阮元：《顏魯公〈爭座位帖〉跋》，《揅經室集》三集卷一，中華書局 1993 年版，第 598 頁。

元趙孟頫楷書摹擬李邕，明董其昌楷書託跡歐陽，蓋端書正畫之時，非此則筆力無立卓之地，自然入於北派也。」〔註37〕他把帖學一脈的書家納入到北派古法體系之中，不僅樹立了北派書家的典範地位，也使碑學獲得了更為廣泛的認同和接受，這甚至可以說是阮元的一種策略。

而對於北碑書作的評價，阮元也是以此為例。「我朝乾隆、嘉慶年間，元所見所藏北朝石碑不下七八十種，如《刁遵墓誌》、《司馬紹墓誌》、《高植墓誌》、《賈使君碑》、《高貞碑》、《高湛墓誌》、《孔廟乾明碑》、《鄭道昭碑》、武平《道興造像藥方記》、建德、天保諸《造像記》、啓法寺、龍藏寺諸碑，直是歐、褚師法所由來，豈皆拙書哉。」〔註38〕

這樣，通過對北派典範書家和書作的確認，既確立了北派書法的古法典範地位，同時也重新建立了北派書法的傳承流脈。阮元還認為北派書法筆法傳承有序，故與南派書法相比，其高下自見。「皆為名家，豈書法遠不及南朝哉？」〔註39〕這就為碑學從史學理論高度樹立起取法的典範書家和書作。

而對於南派帖學一路，阮元就從筆法傳承上來提出批評，認為「宋帖展轉摩勒，不可究詰。漢帝、秦臣之跡，並由虛造。鍾、王、郗、謝，豈能如今所存北朝諸碑，皆是書丹原石哉？」〔註40〕因此從筆法傳承來說，其可信程度遠高於南帖。

而被南派奉為經典的《蘭亭序》也被阮元考證與其時通行的書體不一致。他認為：「王右軍《蘭亭修禊詩序》，書於東晉永和九年，原本已入昭陵，當時見者已罕，其元本無鈎刻存世者，今定武、神龍諸本，皆歐陽率更、褚河南臨搨本耳。夫臨搨之與元本，必不能盡同者也。」〔註41〕而定武、神龍臨本已經滲入了歐、褚的筆法，「而以為右軍書法必全如是，未足深據也。」〔註42〕而且，「右軍書之存於今者，皆展轉鈎摹，非止一次，懷仁所集，淳化所摹，皆未免以後人筆法竄入右軍法內矣。」〔註43〕因此「世人震於右軍之

〔註37〕阮元：《南北書派論》，《揅經室集》三集卷一，中華書局1993年版，第598頁

〔註38〕阮元：《南北書派論》，《揅經室集》三集卷一，中華書局1993年版，第594頁。

〔註39〕阮元：《南北書派論》，《揅經室集》三集卷一，中華書局1993年版，第593頁。

〔註40〕阮元：《南北書派論》，《揅經室集》三集卷一，中華書局1993年版，第593頁。

〔註41〕阮元：《王右軍蘭亭詩序帖二跋》，《揅經室集》三集卷一，中華書局 1993 年版，第 599 頁。

〔註42〕阮元：《王右軍蘭亭詩序帖二跋》，《揅經室集》三集卷一，中華書局 1993 年版，第 599 頁。

〔註43〕阮元：《王右軍蘭亭詩序帖二跋》，《揅經室集》三集卷一，中華書局 1993 年

名，囿於蘭亭之說，而不致其始末，是豈知晉、唐流派乎？」〔註44〕因此，當一千多年來被奉爲帖學經典的《蘭亭序》遭受質疑時，在其影響下的名家學書範例當然讓人懷疑了。兩相比較，南北之高下就顯而易見了。

因而，北派書家和書作典範的建立也就順理成章了。它使士人不僅從風格技法層面，也從史學理論層面找到了取法碑學的依據和認同，從而動搖了帖學權威的經典地位，最終在二王之外開闢出新的取法典範。

2、包世臣書論中碑學書家和書作

包世臣對於北碑書家和書作的梳理，也是建立在他對北碑技法的認識和研究基礎之上的。可以說，包世臣《藝舟雙楫》就是以北碑技法來展開論述的，因此他對歷代書家和書作的評價標準也是以北碑筆法爲基準。他認爲唐以來的虞、歐、褚等人書作線條圓滿遒勁，正是由於不失北碑書作中「篆分遺意」，而唐之後，他則認爲此筆法衰微，宋代只有蘇東坡，明代只有董其昌，而清代則只有劉墉和鄧石如能保持這種筆法，其餘書家由於書作缺少「篆分遺意」，線條飄浮不實。這樣他也就建立起以北碑用筆、風格爲旨歸的評價標準。正所謂，「古人論眞行書，率以不失篆分意爲上。後人求其說而不得，至以直點斜拂形似者當之，是古碑斷壞，彙帖障目，筆法之不傳久矣。」〔註45〕北碑的各種碑刻作品，自然也就成了碑學取法的典範之作，具有「篆分遺意」的北碑筆法也就成了書作典範的標誌。包世臣甚至還認爲，書家只要取法北碑碑刻書法，從其入手，融會貫通，自可成一家。

對清朝書家的品評，包世臣同樣是建立在「篆分遺意」上，並以此作爲評價標準的。在包世臣《國朝書品》裏所列的 101 位清代書家中，鄧石如的篆隸書作由於取法北碑，書作最具有「篆分遺意」，「山人移篆分以作今隸，與《瘞鶴銘》、《梁侍中石闕》同法。」〔註46〕被包世臣尊爲神品，清代書家獨此一人。可以說，鄧石如篆、隸書作被尊爲神品，不僅是清代碑學眞正建立起來的標誌，它還是中國書法史上由帖學到碑學轉換的一個標誌性事件。

版，第 599 頁。
〔註44〕阮元：《王右軍蘭亭詩序帖二跋》，《揅經室集》三集卷一，中華書局 1993 年版，第 599 頁。
〔註45〕包世臣：《跋榮郡王臨快雪內景二帖》，《藝舟雙楫》，北京圖書館出版社 2004 年版，第 125 頁。
〔註46〕包世臣：《完白山人傳》，《藝舟雙楫》，北京圖書館出版社 2004 年版，第 201 頁。

　　我們可以看到，在中國書法史上，對於書法典範的確立從晉以來標準都大致相同，如梁庾肩吾《書品》所認爲的最高典範是：張芝、鍾繇、王羲之。〔註47〕唐李嗣眞《書後品》所認爲的最高典範是：李斯、張芝、鍾繇、王羲之、王獻之。〔註48〕唐張懷瓘《書斷中》評爲「神品」的書家是：史籀、李斯、蔡邕、鍾繇、張芝、王羲之、王獻之、杜度、崔瑗、索靖、衛瓘、皇象。〔註49〕，可以看出，張芝、鍾繇、王羲之三人在三者書品中都有提到，應該可以說是帖學所公認的經典典範，而他們三人所擅長的是眞、行書體，眞、行書代表了帖學的最高典範，成爲學書者所效法的楷則。而在清代，以篆、隸見長的鄧石如卻被推爲神品，高於其時帖學諸家。在清之前的帖學範式裏面，篆、隸書作是基本不受重視的，而在清代卻獨把鄧石如一人推爲神品，作爲取法的典範，這不僅與清代以來篆、隸的復興有關，同時也與清代書法審美觀念的變化有著直接的聯繫，即帖學行楷典雅秀美向篆、隸古拙、厚重、雄強審美風尙的轉變。而其背後則是對以王羲之爲首的帖學典範的解構。碑學重新梳理出了一套不同於帖學的取法體系和典範。鄧石如篆、隸書體的出現，甚至可以看成是碑學書法史的一個「基準作品」，〔註50〕開啓了其後碑學篆隸書法風格之源，其後書家無不在其開創的篆隸書體的表現手法之下進行學習與創作。包世臣曾對其師鄧石如作出如下評價：「懷寧布衣鄧石如頑伯，篆、隸、分、眞、狂草五體兼工，一點一畫，若奮若搏，蓋自武德以後，間氣所鍾，百年來，書學能自樹立者，莫或與參，非一時一州之所得專美也。」〔註51〕可以說他給予了鄧石如超乎尋常的評價。而康有爲認爲，「完白山人出，盡收古今之長，而結胎成形，於漢篆爲多，遂能上掩千古，下開百祀，後有作者，莫之與京矣。」〔註52〕因此，可以說鄧石如作爲碑學成功典範的

〔註47〕庾肩吾：《書品》，《歷代書法論文選》，上海書畫出版社 1979 年版，第 86～87 頁。

〔註48〕李嗣眞：《書後品》，《歷代書法論文選》，上海書畫出版社 1979 年版，第 134～135 頁。

〔註49〕張懷瓘：《書斷中》，《歷代書法論文選》，上海書畫出版社 1979 年版，第 171 頁。

〔註50〕「在這裡，一件偶然選中的原初作品，如果能有效地聯絡其他作品，並且能夠較爲順利地整理藝術史的上下文脈絡，那麼這件原初作品就升格爲『基準作品』。」（科波勒《實踐的形狀——論事物的歷史》，轉自沈語冰：《歷代名帖風格賞析》中國美術館出版社 1999 年版，第 35 頁）這就如王羲之的《蘭亭序》與歷代帖學書家書法作品的風格關係一樣。

〔註51〕包世臣：《論書十二絕句篇》，《藝舟雙楫》，北京圖書館出版社 2004 年版，第 86 頁。

〔註52〕康有爲：《說分篇》，《廣藝舟雙楫》，北京圖書館出版社 2004 年版，第 102 頁。

確立是碑學技法眞正的化古出新，是碑學在清代眞正建立的標誌，爲後來的碑學實踐者提供了實踐經驗和學習方向，正所謂「完白旣出之後，三尺豎僮，僅解操筆，皆能爲篆。」〔註53〕

鄧石如一介布衣，從國朝眾書家中脫穎而出，「在中國書法史上，首次是以平民知識份子攻下了書法藝術最高峰的寶座，打破了歷代的大書法家們都產生在上層官僚貴族中的慣例」〔註54〕。旣爲碑學樹立了可供取法和借鑒的範例，同時也爲那些不仕科舉的清代碑學書家樹立了成功的典範。沙孟海在《近三百年的書學》中也說：「清代書人，公推爲卓然大家的，不是東閣學士劉墉，也不是內閣學士翁方綱，偏偏是那位藤杖芒鞋的鄧石如。」〔註55〕

3、康有爲書論中的碑學書家和書作

如果說阮元、包世臣對碑學典範書家和書作的追認和重塑，還聚焦於碑學古法地位的話，那康有爲則更進一步，不僅從古法地位，還從碑學的審美風格來品評和追述碑學的典範書家和書作。

康有爲認爲，書法必須有所宗，有所本。「天有日，國有君，家有主，人有首，木有本，……至於書，亦豈有異哉？」〔註56〕而「書家林立，即以碑學，各擅體裁，互分姿制。何所宗？」〔註57〕「古今之中，唯南碑與魏碑爲可宗。」〔註58〕南碑和魏碑正是古法的代表，除了其技法作爲古法的典範之外，康有爲還認爲它們精神完足，可供借鑒。「不得不尊南北朝碑。尊之者非以其古也，筆畫完好，精神流露，易於臨摹。」〔註59〕「通古今，極正變」；「能擇魏世造像記學之，已之能書矣」〔註60〕。而且，康有爲認爲南碑和魏

〔註53〕康有爲：《説分篇》，《廣藝舟雙楫》，北京圖書館出版社 2004 年版，第 102 頁。

〔註54〕侯開嘉：《清代碑學的成因及碑帖論戰的辨析》，《中國書法史新論》，上海古籍出版社 2003 年版，第 116 頁。

〔註55〕沙孟海：《近三百年書學》，載於《20 世紀書法研究叢書·歷史文脈篇》，上海書畫出版社 2000 年版，第 3 頁。

〔註56〕康有爲：《十六宗篇》，《廣藝舟雙楫》，北京圖書館出版社 2004 年版，第 200 頁。

〔註57〕康有爲：《十六宗篇》，《廣藝舟雙楫》，北京圖書館出版社 2004 年版，第 201 頁。

〔註58〕康有爲：《十六宗篇》，《廣藝舟雙楫》，北京圖書館出版社 2004 年版，第 202 頁。

〔註59〕康有爲：《尊碑篇》，《廣藝舟雙楫》，北京圖書館出版社 2004 年版，第 37 頁。

〔註60〕康有爲：《十六宗篇》，《廣藝舟雙楫》，北京圖書館出版社 2004 年版，第 203 頁。

碑有十美，總體風格以雄強剛毅爲主，其中有「十六宗」可作典範的碑刻書作。下面即康有爲所認可的「十六宗」碑名和其評語：

「右三宗上：

《爨龍顏》　爲雄強茂美之宗，《靈廟碑陰》輔之。

《石門銘》　爲飛逸渾穆之宗，《鄭文公》、《瘞鶴銘》輔之。

《弔比干文》爲瘦硬峻拔之宗，《雋修羅》、《靈塔銘》輔之。

右四宗中：

《張猛龍》　爲正體變態之宗，《賈思伯》、《楊翬》輔之。

《始興王碑》爲峻美嚴正之宗，《李仲璇》輔之。

《敬顯俊》　爲靜穆茂密之宗，《朱君山》、《龍藏寺》輔之。

《暉福寺》　爲豐厚茂密之宗，《穆子容》、《梁石闕》、《溫泉頌》輔之。

右六宗下：

《張玄》　　爲質峻偏宕之宗，《馬鳴寺》輔之。

《高植》　　爲渾勁質拙之宗，《王偃》、《王僧》、《臧質》輔之。

《李超》　　爲體骨峻美之宗，《解伯達》、《皇甫驎》輔之。

《楊大眼》　爲峻健豐偉之宗，《魏靈藏》、《廣川王》、《曹子建》輔之。

《刁遵》　　爲虛和圓靜之宗，《高湛》、《劉懿》輔之。

《吳平忠侯神道》爲平整勻淨之宗，《蘇慈》、《舍利塔》輔之。

右外宗三：

《經石峪》　爲榜書之宗，《白駒谷》輔之。

《石鼓》　　爲篆之宗，《琅琊臺》、《開母廟》輔之。

《三公山》　爲西漢分書之宗，《裴岑》、《郙閣》、《天發神讖》輔之。」

〔註61〕

從「雄強茂美、飛逸渾穆、瘦硬峻拔」之類的評語來看，康有爲所立之所宗，無不以勁健、質樸、厚重、雄強風格爲尚。甚至康有爲認爲：「既立宗矣，其一切碑相近者，各以此判之。自此觀碑，是非自見；自此論書，亦不至聚訟紛紛矣。」〔註62〕也就是說，這「十六宗」的風格特點已成爲其後評

〔註61〕康有爲：《十六宗篇》，《廣藝舟雙楫》，北京圖書館出版社2004年版，第205頁。

〔註62〕康有爲：《十六宗篇》，《廣藝舟雙楫》，北京圖書館出版社2004年版，第205頁。

價書作的取捨標準。

因此在《購碑篇》中，康有爲爲學書者介紹購碑的訣竅時，也是以此爲準。康有爲認爲：「購碑當知握要，以何爲要也？曰南、北朝之碑其要也。南、北朝之碑，無體不備，唐人名家，皆從此出，得其本矣，不必復求其末。」〔註 63〕可見在康有爲看來，不僅南北朝碑版值得取法並臨仿，而且認爲唐以下名家，皆從此出，這就把帖學一脈的書家也納入到碑學的陣營中，從而從古法和正統上樹立碑學風格和技法的正典地位。

在對碑學書家的品評上，康有爲也是從古法和風格兩方面來品評的。康有爲在《十家篇》中列舉了南北朝有碑刻流傳且能「各成一體」的書家十人，並列舉其代表作，對各自的風格、技法和流派傳承進行了評價和讚賞，使之成爲新的書法的楷模和經典。這十家分別是：「寇謙之《嵩高靈廟碑》、蕭顯慶《孫秋生造像》、朱義章《始平公造像》、崔浩《孝文皇帝弔比干墓文》、王遠《石門銘》、鄭道昭《雲峰山四十二種》、貝義淵《始興王碑》、王長儒《李仲璿修孔子廟碑》、穆子容《太公呂望碑》、釋仙《報德像》。十家體皆迥異，各有所長。瘦硬莫如崔浩，奇古莫如寇謙之，雄重莫如朱義章，飛逸莫如王遠，峻整莫如貝義淵，神韻莫如鄭道昭，超爽莫如王長儒，渾厚莫如穆子容，雅樸莫如釋仙。」〔註64〕在這十家中，對於他們的評語如瘦硬、奇古、雄重、峻整、渾厚等辭彙，如同「十六宗」碑版一樣，也是建立在康有爲對雄強剛毅的審美風格的推崇的基礎上的。而且，康有爲還認爲，「十家各成流派，崔浩之派爲褚遂良、柳公權、沈傳師，貝義淵之派爲歐陽詢，王長儒之派爲虞世南、王行滿，穆子容之派爲顏眞卿，此其顯然者也。後之學者，體經歷變，而其體意所近，罕能外此十家。十家者，譬道術之有九流，各有門戶，皐牢百代，中惟釋仙稍遜，抑可謂書之鉅子矣。」〔註65〕從上可知，被康有爲列爲典範的「十家」不僅是古法之源，各具風格，而且還下啓帖學一脈，正所謂「各有門戶，皐牢百代」，連唐代楷書大家如褚遂良、柳公權、歐陽詢、虞世南、顏眞卿等也都是從南北朝十家中師法而來。然而，細心考量這「十家」和他們的書作，可以發現他們大多鮮爲人知。馬新宇在《清代碑學批評》中就考證到：「康氏所列『十家』之中，眞正符合史時的只有崔浩一人，所屬作

〔註63〕康有爲：《購碑篇》，《廣藝舟雙楫》，北京圖書館出版社 2004 年版，第 43 頁。

〔註64〕康有爲：《十家篇》，《廣藝舟雙楫》，北京圖書館出版社 2004 年版，第 199 頁。

〔註65〕康有爲：《十家篇》，《廣藝舟雙楫》，北京圖書館出版社 2004 年版，第 200 頁。

品卻爲附會；其餘九人書名不著，更非史載或堪稱開宗立派的名家，所謂『十家』均難以構成書法史上具有『經典』意義的名家楷模。」〔註66〕然而，在碑學範式體例之內，康有爲把「十家」及其作品，尊爲古法經典，並把帖學一脈的書家也納入到「十家」所開創的體系之中，是符合其碑學邏輯的。因爲正是對這些經典書家的建構和追述，不僅可以把古碑尊爲古法的源頭，解釋晉唐以來的書法流脈，還可使古碑成爲可稱道的書家典範。

其實，從阮元的「北派名家」、包世臣的「北碑名作」乃至「酒店櫃招牌」〔註67〕到康有爲的「十家」、「十六宗」、「窮鄉兒女造像」〔註68〕，我們可以發現，碑學理論家所推崇的碑學名家典範和書作，不是民間碑刻書跡就是史傳鮮見的書家書作，這些書作無不具有質樸、鮮活、自然的生氣和特質，用康有爲的話來說，就是「新理異態，高情逸韻，孤立特峙，常音難緯，睹慈靈變，尤所崇慕。今取南、北朝碑，爲之品列。唐碑太夥，姑從舍旃。」〔註69〕可見，對碑學理論來說，此時取法對象的正典權威已不是關鍵，而關鍵是取法對象是否具有「古法」、「新理異態」、「精神」等內涵，正如康有爲自己所做的解釋：「尊之者非以其古也，筆畫完好，精神流露。」〔註70〕這不啻於是對千百年來帖學所取法並固守的名家法帖的權威的解構。對「精神」的重視，使碑學可供取法的對象範圍擴大，舉凡一切神氣完足、鮮活的書跡都可以成爲取法的對象。這既開闊了書法的視野，也使碑學書家從中找到了法帖所不具備的生氣、鮮活、雄強的審美風格和表現形式。正是在這些碑版石刻別有異態、鮮活、雄強的非名家書法風格裏面，碑學家們找到了表現自身性靈才情、天然樸質的方式，這也可以說是近代書法藝術重精神的開端。

〔註66〕 馬新宇：《清代碑學批評——以《廣藝舟雙楫》爲中心》，吉林大學古籍研究所博士論文 2007 年，第 145 頁。

〔註67〕 包世臣：《藝舟雙楫》中的《國朝書品》附記裏有這樣一個記載：「在都下前門西豬市口堆子前路北，見火鐮店櫃上立招牌兩塊，有『只此一家，言無二價』八字，字徑七寸，墨書白粉版，版裂如蛇蚹。其書優入妙品，詢之不得主名，附記於此。」此處把一個酒店招牌也尊爲妙品，與清代帖學大家劉墉等，相提並論。(《國朝書品》，《藝舟雙楫》，北京圖書館出版社 2004 年版，第 98 頁）。

〔註68〕 「魏碑無不佳者，雖窮鄉兒女造像，而骨血峻宕，拙厚中皆有異態，構字亦緊密非常，豈與晉世皆當書之會邪？何其工也！譬「江漢遊女」之風詩，漢魏兒童之謠諺，自能蘊蓄古雅，有後世學士所不能爲者。故能擇魏世造像記學之，已自能書矣。」(見《十六宗篇》，《廣藝舟雙楫》，北京圖書館出版社 2004 年版，第 202 頁)。

〔註69〕 康有爲：《碑品篇》，《廣藝舟雙楫》，北京圖書館出版社 2004 年版，第 206 頁。

〔註70〕 康有爲：《尊碑篇》，《廣藝舟雙楫》，北京圖書館出版社 2004 年版，第 37 頁。

二、審美風格

尚碑運動以來，隨著清代碑版刻石出土的日益增多，取法碑版書跡的實踐範圍逐漸擴大，篆、隸、真各體名家輩出，吸引了不少學書者進入到碑學實踐中。隨著這些實踐的深入，碑學家們越來越意識到需要從審美觀念上轉變人們對碑版刻石書跡的傳統認識，並建立起相應的審美觀念和體系，從而打破傳統帖學軟媚秀雅的審美風格。

（一）阮元的書法風格論

對於碑學書法的審美品評，阮元以「古」為準。對阮元來說，北碑的古質、勁健、拘陋、遒勁是士人樸學所倡導的質樸、嚴謹精神的體現，同時也是對帖學軟媚缺乏生氣的一種矯正。他認為南派乃「江左風流，疏放妍妙；北派則是中原古法，拘謹拙陋」、「格法勁正」而「北朝族望質樸，不尚風流，拘守舊法，罕肯通變……其筆法勁正遒秀」。因此他稱讚學北派之書的隋代房彥謙、丁道護等「方嚴遒勁」，歐陽詢「方正勁挺」，褚遂良「書法遒勁」，而南派則「妍態多而古法少」，「宋帖輾轉摹勒，不可究詰」。《蘭亭》一帖，固為千古風流，此後美質日增，惟求妍妙。」〔註 71〕可見北碑的審美追求在於勁正、遒勁、方正等等，都是與二王以來帖學講究的妍妙秀美不同的另一種審美意趣。

在這裡，阮元打破了以帖學「疏放妍妙」的審美標準，在碑版基礎上建立起一種新的審美標準，即質、拙。在這之前，儒家詩教傳統思想影響下的書法藝術的最高的審美標準是「中和」，相對於帖學的南派風流、疏放妍妙，北派就顯得勁正遒透，質樸古拙。如果說以疏放姿媚帖學風格為優美，那麼以遒勁見長碑學的風格就是壯美。「是故短箋長卷，意態揮灑，則帖擅其長。界格方嚴，法書深刻，則碑據其勝。」〔註 72〕

如果說阮元確立了碑學質樸、勁正的審美格調，卻還沒有深入展開的話，那麼包世臣則從實際操作的技術層面對北碑的風格進行了歸納和論述，為學書者取法北碑質樸、遒勁的風格指出了書法技法上的指導。

〔註 71〕 阮元：《南北書派論》、《北碑南帖論》，《揅經室集》三集卷一，中華書局 1993 年版，第 591～598 頁。

〔註 72〕 阮元：《北碑南帖論》，《揅經室集》三集卷一，中華書局 1993 年版，第 598 頁。

（二）包世臣的書法風格論

包世臣對於審美觀念的論述與技法的論述聯繫在一起，由於他推崇北碑，因此他對風格的論述主要是關於北碑的論述。他認為，北碑能於剛健中寓嫵媚，欹側中見平衡，率意而古樸可愛，變化卻無跡可尋。他說：「北朝隸書，雖率導源分篆，然皆極意波發，力求跌宕。凡以中郎既往，鍾、梁並起，各矜巧妙，門戶益開，踵事增華，窮情盡致。而《般若碑》，渾穆簡靜，自在滿足，與《析里橋郙閣頌》同法，用意逼近章草，當是西晉人專精蔡體之書，無一筆闌入山陰，故知為右軍以前法物。擬其意境，惟有香象渡河已。」〔註73〕又說：「北碑字有定法，而出之自在，故多變態；唐人書無定勢，而出之矜持，故形板刻。」〔註74〕「北碑體多旁出，《鄭文公碑》字獨眞正，而篆勢、分韻、草情必具……眞文苑奇珍也。」〔註75〕「北碑畫勢甚長，雖短如黍米，細如纖毫，而出入收放偃仰向背避就朝揖之法備具。起筆處順入者無缺鋒，逆入者無漲墨，每折必潔淨，作點尤精深，是以雍容寬綽，無畫不長。」〔註76〕

從包世臣論述北碑的「波發」、「跌宕」、「渾穆簡靜」這些辭彙來看，無不體現出碑學重勁健、質樸、厚重的審美風格。而這些風格是與包世臣技法理論緊密聯繫在一起的，正是由於線條的「中實」、「篆分遺意」，運筆的「始艮終乾、始巽終坤」，結體與章法的「計白當黑」、「左右牝牡相得之致」、「氣滿」，才能達到包世臣書論所述的「茂密」、「排宕」、「蕭散峻逸」。因此，可以看到，在包世臣書論裏面書法技法才是其核心，風格是其技法表現的結果。由於包世臣主要致力於碑學技法的研究，因此他對審美風格的論述是與技法論述結合在一起的。正如陳方既在《書法美學思想史》中論述包世臣書法美學思想時所說：「其《藝舟雙楫》中《書論》部分，講述他學書經過和心得。只在講述一系列技法心得中，透露出一些美學思想，接觸到一些技法的美學原理。」〔註77〕因此，我們對於包世臣審美風格的論述就結合到下節的包世

〔註73〕包世臣：《歷代筆譚》，《藝舟雙楫》，北京圖書館出版社 2004 年版，第 50 頁。
〔註74〕包世臣：《歷代筆譚》，《藝舟雙楫》，北京圖書館出版社 2004 年版，第 62 頁。
〔註75〕包世臣：《歷代筆譚》，《藝舟雙楫》，北京圖書館出版社 2004 年版，第 51～52 頁。
〔註76〕包世臣：《歷代筆譚》，《藝舟雙楫》，北京圖書館出版社 2004 年版，第 60～61 頁。
〔註77〕陳方既、雷志雄：《書法美學思想史》，河南美術出版社，第 585 頁。

臣技法內容中一起闡述。

（三）康有爲的書法風格論

如果說阮元北朝碑版中見出了「拙、樸、質」的審美風格，包世臣從北碑中見出了「茂密」、「跌宕」厚重質樸的審美風格，那麼到了康有爲這裡，碑版刻石的審美風格如果要用一個詞來概括的話，那就是「雄強」。這既是碑版刻石審美理念上的發展，也是晚清之際士人新的審美追求的表現。在晚清內憂外患的雙重壓力下，樸學訓詁鑽研原典的精神被經世致用、改革時弊所取代，此時奮發圖強、變革時弊、振興國運成爲士人主導精神，康有爲寫作《廣藝舟雙楫》時，就處於此種「變法維新」的精神背景之中，乃至其書中載「綜而論之，書學與治法，勢變略同」〔註 78〕。因此，在康有爲《廣藝舟雙楫》那恣肆雄辯的論說風格中，在對碑版石刻「雄強、渾穆、峻厚」品評中，無不展現出當時士人激昂、變法圖強的精神。浸染所及，表現在書法藝術上，則是通過對碑版刻石雄強恣肆的風格的論述來寄寓自身的這種情感。

而這種精神正是帖學所缺乏的，因此康有爲對北朝碑版石刻書跡風格推崇備至。他認爲：「魏碑無不佳者，雖窮鄉兒女造像，而骨血峻宕，拙厚中皆有異態，構字亦緊密非常，豈與晉世皆當書之會邪？何其工也！譬『江漢遊女』之風詩，漢魏兒童之謠諺，自能蘊蓄古雅，有後世學士所不能爲者。故能擇魏世造像記學之，已能自書矣。」〔註 79〕對康有爲來說，即使是「窮鄉兒女造像」，也體現出了書法藝術的雄強和古樸之美，其所蘊含的鮮活的生命力和美感是無可比擬的。因此，他總結概括碑版刻石的審美風格時，認爲它們有十美，「古今之中，唯南碑與魏碑爲可宗。可宗爲何？曰：有十美：一曰魄力雄強，二曰氣象渾穆，三曰筆法跳越，四曰點畫峻厚，五曰意態奇逸，六曰精神飛動，七曰興趣酣足，八曰骨法洞達，九曰結構天成，十曰血肉豐美。是十美者，唯魏碑、南碑有之。齊碑惟有瘦硬，隋碑惟有明爽，自《雋修羅》、《朱君山》、《龍藏寺》、《曹子建》外，未有備美者也。故曰魏碑、南碑可宗也。」〔註 80〕這十美之中，屬於技法的有：筆法跳越、點畫峻厚、骨法洞達、結構天成、血肉豐美；屬於審美風格的有：魄力雄強、氣象渾穆、意態奇逸、精神飛動、興趣酣足。而從

〔註 78〕康有爲：《原書篇》，《廣藝舟雙楫》，北京圖書館出版社 2004 年版，第 29 頁。
〔註 79〕康有爲：《十六宗篇》，《廣藝舟雙楫》，北京圖書館出版社 2004 年版，第 202 頁。
〔註 80〕康有爲：《十六宗篇》，《廣藝舟雙楫》，北京圖書館出版社 2004 年版，第 202 頁。

這十美後二字的評語來看：雄強、渾穆、跳越、峻厚、奇逸、飛動、酣足、洞達、天成、豐美，不管是筆法、結體還是章法意境，無不體現出雄強、陽剛之美，此與帖學一路的秀雅、飄逸形成鮮明對照。如果說帖學以優美為宗的話，那麼在康有為這裡則是以雄強、陽剛為美。

在雄強、陽剛的審美觀念的指導下，康有為對歷朝書法審美風格進行了品評和分析。

朝代書體	風格特點	原　　　文	出　處
秦分（小篆）	茂密蒼深	「秦分（即小篆）裁為整齊，形體增長，蓋始變古矣……茂密蒼深，當為極則。」	體變篇
漢分	樸茂雄逸	「漢人書酷愛八分，以其在篆、隸之間，樸茂雄逸，古氣未漓。」	說分篇
六朝楷書	質實厚重宕逸神雋	「真楷者，六朝人最工。蓋承漢分之餘，古意未變，質實厚重，宕逸神雋。」	購碑篇
北碑	茂密	「北碑當魏世，隸、楷錯變，無體不有。綜其大致，體莊茂而宕以逸氣，力沉著而出以澀筆，要以茂密為宗。」	體變篇
隋書	率尚整朗綿密瘦健	「隋世，率尚整朗，綿密瘦健，清虛之風，一掃而空……南北派，自是遂合。」	體變篇
唐書	爽健、肥厚、清勁	「唐世書凡三變，唐初歐、虞、褚、薛、王、陸，並轡軌疊，皆尚爽健。開元御宇，天下平樂，明皇極豐肥，故李北海、顏平原、蘇靈芝輩，並趨時主之好，皆宗肥厚。元和後，沈傳師、柳公權出，矯肥厚之病，專尚清勁，然骨存肉削，天下病矣。」	體變篇
元明書	姿媚多而剛健少	「元、明兩朝……率姿媚多而剛健少。」	體變篇

注：南碑和魏碑的審美風格評析，見上面一段的分析。

從康有為對歷代書法的品評中，我們可以看到他的審美傾向是很明顯的，那就是對唐之前「茂密蒼深、宕逸神雋、樸茂雄逸」之類風格的追求，對唐之後姿媚、薄弱書風的詬病。正是因為康有為對碑學的雄強風格的異常推崇，雄強一路的審美風格才成為晚清碑學的主流精神。

從阮元、包世臣、康有為對碑學審美風格的品評中，可以見出他們對碑學質樸、厚重、雄強的審美精神的追求。雄強的審美風格的倡導，既是對唐以來帖學流弊的矯正，也是對碑版古法內在精神的呼喚。正如熊秉明所說：「乾

嘉間，金石學、考據學大興，鍾鼎碑版在知識份子間激發起來的，不僅是考古興趣，也有造形藝術的興趣。而在這種造形興趣下還有民族意識的萌動。……他們發現了古樸、遒健的藝術形象。這些祖先遺留下來的痕跡含藏著苗壯強悍的生命，成爲被壓制的民族自尊心的最好的支持者。這些雄強有力的形象睜開他們的眼睛，打動他們的心弦，給予了他們一個新的美的標準，有深遠的道德意義的標準，於是碑派書法蓬蓬勃勃地發展起來。」〔註81〕

三、技法規則

碑學範式的成熟，除了要在理論上建立碑學史觀，在典範上認同碑版石刻以及在審美取向上確立碑學審美風格外，還需要建立起可操作的碑學實踐的技法規則，來指引學碑者進入到整個碑學體系之中。下面就主要從包世臣、康有爲的書論部分入手，來分析碑學範式的技法規則。

（一）阮元的技法論

阮元的技法論是與他的整個碑學體系聯繫在一起的。阮元的《南北書派論》和《北碑南帖論》把書法分爲南北二派。南北二派的一個重要區別就是：「南派乃江左風流，疏放妍妙……而篆隸遺法，東晉已多改變，無論宋、齊矣。北派則是中原古法，拘謹拙陋，長於碑榜。」〔註82〕阮元認爲，北派保留了篆隸古法，「筆法勁正遒勁，往往畫石出鋒，猶如漢隸」。而南派則「長於尺牘，減筆至不可識……無復隸古遺意」〔註83〕。雖然阮元在書論中反覆提及篆、隸古法，但怎樣來獲取篆、隸古法，卻沒有在書論中明確指出。碑學篆、隸古法地位的確立，則爲後來的碑學理論家建立起以北碑爲重心的碑學理論框架指明了方向，而具體的技法規則的闡釋則留待包世臣、康有爲來完成了。

（二）包世臣的技法論

如果說阮元《南北書派論》和《北碑南帖論》從史學範疇和審美風格上

〔註81〕熊秉明：《中國書法理論體系》，天津教育出版社 2002 年版，第 135 頁。

〔註82〕阮元：《南北書派論》、《北碑南帖論》，《揅經室集》三集卷一，中華書局 1993 年版，第 591～598 頁。

〔註83〕阮元：《南北書派論》、《北碑南帖論》，《揅經室集》三集卷一，中華書局 1993 年版，第 591～598 頁。

確立了北碑的古法地位，那麼包世臣則是在此基礎上，不但將北碑碑版刻石書跡形態和清初碑學書法實踐結合起來，「而且還深入到對書法技法本身的重新認識和重新摸索。從技法上入手進行了一次碑學的改革，也就是說以北碑之實糾南帖之浮的阮元思想，被包世臣落實到了對具體問題的解決。包世臣就是通過對唐以後書法技法的批判，對北碑書法技法的復興的這種碑學技法論與帖或帖學的技法分成兩大系統的。」〔註84〕

在技法規則中，包世丞極爲看重筆法。他認爲：「書道以用筆爲主，然明於源流所自，則筆法因之。」〔註85〕「書藝始於指法，終於行間」〔註86〕。他一生師法無數書家求取筆法精髓，曾在《藝舟雙楫·述書上》以自己年齡時間爲序，歷數自己的學書歷程，從乾隆己酉（1789年，包世臣15歲）到道光辛巳（1821年，時47歲），從中可見包世臣於筆法用功之深。

下面我們就從執筆、結體和章法來分析包世臣的技法理論體系。

在執筆上，包世臣認爲要「五指疏布，各盡其力。」〔註87〕即：「引食指加大指之上，置管於食指中節之端，以上節斜鈎之；大指以指尖對中指中節拒之，則管當食指節灣，安如置床；大指之骨外突，抑管以向右，食指之骨橫逼，挺管以向左，則管定；然後中指以尖鈎其陽，名指以爪肉之際距其陰，小指以上節之骨貼名指之端。」〔註88〕這樣才能使筆運行自如，達到「筆鋒始得隨指環轉，如士卒之從旌麾矣」〔註89〕的效果。

在運筆上，包世臣以北碑碑刻爲古法之源，認爲書法發展至今，古法已經喪失，需要回到北碑中才能重振書法。於是他以北碑爲示例提出了「始艮終乾」、「中實」等理論。他在《藝舟雙楫·述書上》載：「唐以前書，皆始艮終乾，南宋以後書，皆始巽終坤。」〔註90〕「艮」、「乾」、「巽」、「坤」是八卦中的四個卦名，這裡包世臣借用卦名來指稱唐之前和之後運筆的方向和順序。「始艮終乾者是回鋒逆行的技法，始巽終坤則是露鋒直行的技法。包世臣認爲唐以前書，八面出鋒，筆筆中實，而南宋以後書，筆法褊側中怯，

〔註84〕陳振濂主編：《書法學》江蘇教育出版社1992年版，第585頁。

〔註85〕包世臣：《論書十二絕句篇》，《藝舟雙楫》，北京圖書館出版社2004年版，第75頁。

〔註86〕包世臣：《述書下》，《藝舟雙楫》，北京圖書館出版社2004年版，第34頁。

〔註87〕包世臣：《述書中》，《藝舟雙楫》，北京圖書館出版社2004年版，第24頁。

〔註88〕包世臣：《述書中》，《藝舟雙楫》，北京圖書館出版社2004年版，第24頁。

〔註89〕包世臣：《述書中》，《藝舟雙楫》，北京圖書館出版社2004年版，第24頁。

〔註90〕包世臣：《述書上》，《藝舟雙楫》，北京圖書館出版社2004年版，第13頁。

古法蕩然無存。包世臣要恢復的即是始艮終乾的古法。」〔註91〕包世臣自己
解釋到：「始艮終乾者，非指全字，乃一筆中自備八方也。後人作書，皆仰
筆尖鋒，鋒尖處巽也。筆仰則鋒在畫之陽，其陰不過副毫濡墨，以成畫形，
故至坤則鋒止，佳者僅能完一面耳。惟管定而鋒轉，則逆入平出，而畫之八
面無非毫力所達，乃後積畫成字，聚字成篇。」〔註92〕通過對「始艮終乾」
的闡述，包氏強調了逆鋒起筆、逆勢行筆和回鋒收筆的基本筆法，並且認爲
只有這樣才能做到線條的中實，達到「豐而不怯，實而不空」的效果。這種
運筆也就是北碑筆法的訣竅，也是鄧石如篆、隸書體圓滿遒勁的原因所在。
而且包世臣還認爲，從唐以後這種筆法已經很難見到，「中實之妙，武德（唐
高祖年號）以後，遂難言之」〔註93〕，這恰恰是從唐宋以來書法走向靡弱的
原因所在。

　　對於結字和章法，包氏在總結北碑碑刻書跡和清代碑學書家實踐後，提
出「九宮」之說、「計白當黑」、「左右牝牡相得」和「氣滿」等理論。

　　「九宮之說，始見於宋，蓋以尺寸算字，專爲移縮古帖而說。」〔註94〕
而包世臣所闡釋的「九宮」之說，與宋代所說的「尺寸算字」不同，它不僅
指單個字的結體筆畫的安排，也指整篇作品的上下左右的章法之美。所以包
世臣稱之爲「大小九宮」，「小九宮」──指字之結體。「字有九宮。九宮者，
每字爲方格，外界極肥，格內用細畫界一『井』字，以均布其點畫也，凡字
無論疏密斜正，必有精神挽結之處，是爲字之中宮，然中宮有在實畫，有在
虛白，必審其字之精神所注，而安置於格內之中宮，然後以其字之頭目手足
分佈於旁之八宮，則隨其長短虛實，而上下左右皆相得矣。」〔註95〕而「大
九宮」──指作品章法之排布。「每三行相併至九字，又爲大九宮，其中一字
即爲中宮，皆須統攝上下四旁之八字，而八字皆有拱揖朝向之勢，逐字移看，
大小兩中宮，皆得圓滿，則俯仰映帶，奇趣橫出已。」〔註96〕可以看到，包
世臣通過「大小九宮」之說，強調在一幅作品中，字的結體與篇章安排應該
左右呼應，上下渾然一體，整篇協調統一。這種「大小九宮」的章法之美，

〔註91〕姜壽田：《中國書法理論史》，河南美術出版社2004年版，第169頁。
〔註92〕包世臣：《述書中》，《藝舟雙楫》，北京圖書館出版社2004年版，第28頁。
〔註93〕包世臣：《歷下筆譚》，《藝舟雙楫》，北京圖書館出版社2004年版，第59頁。
〔註94〕包世臣：《述書下》，《藝舟雙楫》，北京圖書館出版社2004年版，第38頁。
〔註95〕包世臣：《述書下》，《藝舟雙楫》，北京圖書館出版社2004年版，第38頁。
〔註96〕包世臣：《述書下》，《藝舟雙楫》，北京圖書館出版社2004年版，第38頁。

包世臣認爲是從北碑中參悟得來的。「兩晉眞書碑版不傳於世，余以所見北魏、南梁之碑數十百種，悉心參悟而得大小兩九宮之法。上推之周、秦、漢、魏、兩晉篆分碑版存於世者，則莫不合於此。」〔註97〕學書者的作品中如能達到「大小九宮」，作品自然生氣靈動，「大小兩中宮，皆得圓滿，則俯仰映帶，奇趣橫出已」〔註98〕。

而這種俯仰向背、相映成趣的章法結構，正好與清代碑學家鄧石如、伊秉綬等所追求的的章法之美相應和。它打破了帖學平直如算子的章法布局，強調字與字、字與行、行與行、行與篇之間的協調統一、左右映照。正如包世臣所說：「書之道，妙在左右有牝牡相得之致，一字一畫之工拙不計也。」〔註99〕這種章法結構之美，與鄧石如所闡釋的「計白當黑」也有異曲同工之妙，「頑伯『計白當黑』之論，即小仲『左右如牝牡相得』之意。」〔註100〕鄧石如曾說：「字畫疏處可以走馬，密處不使透風，常計白以當黑，奇趣乃出。」〔註101〕這裡的「計白當黑」指將字裏行間的露白當作實畫一樣加以周密的考慮，妥善安排，使二者既有對比變化，又和諧統一，最終在變化中求和諧統一。

而要學到整個章法結構的「大小九宮」之法、達到「左右有牝牡相得之致」、「計白當黑」的效果，包世臣認爲就必須做到「氣滿」。「氣滿」指的是由筆畫、線條縱橫交錯而建構的「形式結構」所呈現出的豐滿、充實的生命精神。「氣滿，則離形勢而專說精神」，無法言傳，但「氣滿」卻又是無處不在，包世臣所論述的「大小九宮」、「左右有牝牡相得之致」、「中實」等技法效果的獲得都與它有關，「氣滿則左右牝牡，自無不相得者矣。」〔註102〕「氣滿由於中實」〔註103〕，「筆中實，則積成字，累成行，綴成幅，而氣皆滿」〔註104〕。氣滿則可以汰「爛漫」、避「凋疏」，「不凋疏者，氣滿也。……不爛漫者，氣滿也」〔註105〕。他把書法的內在精神表達與外在形式結構結合

〔註97〕　包世臣：《述書下》，《藝舟雙楫》，北京圖書館出版社2004年版，第38頁。
〔註98〕　包世臣：《述書下》，《藝舟雙楫》，北京圖書館出版社2004年版，第38頁。
〔註99〕　包世臣：《述書上》，《藝舟雙楫》，北京圖書館出版社2004年版，第13頁。
〔註100〕　包世臣：《述書中》，《藝舟雙楫》，北京圖書館出版社2004年版，第31頁
〔註101〕　包世臣：《述書上》，《藝舟雙楫》，北京圖書館出版社2004年版，第10頁。
〔註102〕　包世臣：《答熙載九問》，《藝舟雙楫》，北京圖書館出版社2004年版，第103頁。
〔註103〕　包世臣：《答熙載九問》，《藝舟雙楫》，北京圖書館出版社2004年版，第115頁。
〔註104〕　包世臣：《答熙載九問》，《藝舟雙楫》，北京圖書館出版社2004年版，第114頁。
〔註105〕　包世臣：《答熙載九問》，《藝舟雙楫》，北京圖書館出版社2004年版，第115頁。

在一起，爲人們追求「氣滿」這一書法境界指出了一條可行的道路。因此，對於學書者來說，不僅於筆法、結體和章法要多下功夫，同時還需要涵養自身內在精神，從拘泥於一點一畫的造型結構中超越出來追求自身精神的靈動。他曾說：「若氣滿，則是來源極旺，滿河走溜，不分中邊，一目所及，更無少欠闕處。」〔註106〕可見，「氣滿」在包世臣這裡，即是一種豐沛鮮活的生命狀態，又是書法藝術情韻的體現，正如劉熙載《書概》裏所說：「高韻深情，堅質浩氣，缺一不可以爲書。」〔註107〕「氣滿」理論的建構，既表達了清代士人的內在精神，又彰顯了儒家浩然正氣的品格，可以看成是清代士人從單純的碑學結構和章法的模仿和學習中，上陞到追求碑學風格的內在精神和對自身性情內蘊的表現上。

可以看到，包世臣正是在對北碑技法的梳理時，在篆、隸中找到了其運筆、結體、章法的理想典型，並從中找到了表現自身內在精神的方式，從而超越了帖學的表現方式。正是由於包世臣對碑學技法的歸納和整理，從而建立起了碑學技法的理論體系，使碑學技法、實踐獲得了堅實的基礎，並通過鄧石如等書家的範例展示，使學碑者找到了進入碑學這個藝術王國的大門。所以康有爲曾評價曰：「涇縣包氏以精敏之資，當金石之盛，傳完白之法，獨得蘊奧；大啓秘藏，著爲《安吳論書》，表新碑，宣筆法，於是此學如日中天。」〔註108〕

（三）康有爲的技法論

與此前的書論著作不同，康有爲關於筆法的技法規則是作爲碑學體系的一部分來加以論述的，這主要體現在《廣藝舟雙楫》的《執筆》和《綴法》二篇中，前者討論執筆，後者論述運筆。

康有爲崇尚碑學，重視雄強茂密的北碑書風。他根據自己的學書經歷以及對北碑碑刻作品的分析，提出：要革弊帖學之病，首先執筆要達到平腕、豎鋒、懸肘、四指爭力。「學者欲執筆，先求腕平」，則筆正；「次求掌豎」，則鋒正；「後以大指與中指相對撅管，令大指之勢倒而仰，中指之體直而垂。

〔註106〕包世臣：《答熙載九問》，《藝舟雙楫》，北京圖書館出版社 2004 年版，第 103 頁。

〔註107〕劉熙載：《藝概・書概》，《歷代書法論文選》，上海書畫出版社 1979 年版，第 713 頁。

〔註108〕康有爲：《尊碑篇》，《廣藝舟雙楫》，北京圖書館出版社 2004 年版，第 37 頁。

名雖曰執，實則緊夾其管，李後主所云在大指上節下端，中指著指尖，名指在爪甲肉之際也」〔註109〕。「四指爭力，勢相蹙迫，鋒自然中正渾全，掌自虛，腕自圓，筋自左紐，而通身之力出矣。」〔註110〕「奔赴腕指間，筆力自能沈勁，若饑鷹側攫之勢，於是隨意臨古碑，皆有氣力。始知向不能書，皆由不解執筆。」〔註111〕

這種執筆法的關鍵在於避免運指，力求通過以腕運筆而引發全身之力。與包世臣「始於運指」不同，康有爲認爲「古人作書，無用指者」，「夫用指力者，筆力必困弱，欲臥紙上，勢爲之也」〔註112〕。「包愼伯之《論書》，精細之至，爲後世開山。然以其要歸於運指，謂大指能揭管則鋒自開，引歐蘇之說以爲證，乃謂握之太緊，力止在管，而不在毫端，其書必拋筋露骨，枯而且弱，其說粗謬可笑。蓋愼伯好講墨法，又好言萬毫齊力，不得其故，而思借助於指。」〔註113〕只要「腕平」掌豎，以腕帶動筆，通身之力即可達於腕，自然就能提筆毫起，頓筆則毫鋪，避免帖學「枯且弱」的毛病。除了「腕平」之外，康有爲還強調要做到「大指橫撐」、「腕懸」、「肩背力出」，「如此則八面完全，險勁雄渾，篆眞行草，無不得勢矣」〔註114〕。這樣才能產生北碑的雄強氣勢與韻味。

在運筆方面，康有爲認爲：「書法之妙，全在運筆。該舉其要，盡於方圓。操縱極熟，自有巧妙。方用頓筆，圓用提筆，提筆中含，頓筆外拓。中含者渾勁，外拓者雄強。中含者篆之法也，外拓者隸之法也。提筆婉而通，頓筆精而密。圓筆者蕭散超逸，方筆者凝整沉著。提則筋勁，頓則血融。圓則用抽，方則用絜。圓筆使轉用提，而以頓挫出之。方筆使轉用頓，而以提絜出之。圓筆用絞，方筆用翻。圓筆不絞則痿，方筆不翻則滯。圓筆出以險，則得勁，方筆出以頗，則得駿。提筆如遊絲嫋空，頓筆如獅狻蹲地。妙處在方圓並用，不方不圓，亦方亦圓，或體方而用圓，或用方而體圓，或筆方而章法圓，神而明之，存乎其人矣。」〔註115〕「求之古碑，《楊大眼》、《魏靈藏》、

〔註109〕康有爲：《執筆篇》，《廣藝舟雙楫》，北京圖書館出版社2004年版，第228頁。
〔註110〕康有爲：《執筆篇》，《廣藝舟雙楫》，北京圖書館出版社2004年版，第228頁。
〔註111〕康有爲：《執筆篇》，《廣藝舟雙楫》，北京圖書館出版社2004年版，第225頁。
〔註112〕康有爲：《執筆篇》，《廣藝舟雙楫》，北京圖書館出版社2004年版，第230頁。
〔註113〕康有爲：《執筆篇》，《廣藝舟雙楫》，北京圖書館出版社2004年版，第235頁。
〔註114〕康有爲：《執筆篇》，《廣藝舟雙楫》，北京圖書館出版社2004年版，第238頁。
〔註115〕康有爲：《綴法篇》，《廣藝舟雙楫》，北京圖書館出版社2004年版，第239～

《始平公》、《鄭長猷》《靈感》、《張猛龍》、《始興王》、《雋修羅》、《高貞》等碑，方筆也。《石門銘》、《鄭文公》、《瘞鶴銘》、《刁遵》、《高湛》、《敬顯俊》、《龍藏寺》等碑，圓筆也。」〔註116〕「以腕力作書，便於作圓筆，以作方筆，似稍費力，而尤有矯變飛動之氣，便於自運，而亦可臨仿，便於行草，而尤工分楷。以指力作書，便於作方筆，不能作圓筆，便於臨仿，而難於自運，可以作分楷，不能作行草。」〔註117〕

我們可以通過一個簡表來對康有爲的運筆之說進行分析：

	用 筆 技 法	風 格	書 體	作 品 示 例
方筆	以指力作書，使轉用頓、頓筆外拓、提挈出之，隸之法	凝整沉著、渾勁、血融	分、楷	《楊大眼》、《魏靈藏》、《始平公》、《鄭長猷》、《靈感》、《張猛龍》、《始興王》、《雋修羅》、《高貞》等碑
圓筆	以腕力作書，使轉用提、提筆中含、頓拙出之，篆之法	蕭散超逸、雄強、筋勁	行、草	《石門銘》、《鄭文公》、《瘞鶴銘》、《刁遵》、《高湛》、《敬顯俊》、《龍藏寺》等碑

雖然康有爲把運筆分爲方與圓，但康有爲認爲應方筆與圓筆並用：「妙處在方圓並用，不方不圓，亦方亦圓，或體方而用圓，或用方而體圓，或筆方而章法圓，神而明之，存乎其人矣。」〔註118〕圓筆寫出的筆畫渾厚流暢、逸宕自然，方筆寫出的筆畫挺建有力、雄強沈勁，二者結合起來，才能達到「不方不圓，亦方亦圓」的神明變化之境。「正書無圓筆，則無宕逸之致，行草無方筆，則無雄強之神。故又交相爲用也。」〔註119〕將方筆（分、楷運筆）和圓筆（行、草運筆）交相互用，可以看出在康有爲強調把帖學和碑學運筆結合起來，融會貫通。綜觀康有爲的書法作品，也是方筆與圓筆並用，圓融而不失力度。如（圖4-1）〔註120〕和（圖4-2）〔註121〕。

對於行筆，康有爲認爲：「行筆之法，『十遲五急，十曲五直，十藏五出，

240頁。

〔註116〕康有爲：《綴法篇》，《廣藝舟雙楫》，北京圖書館出版社2004年版，第243頁。

〔註117〕康有爲：《綴法篇》，《廣藝舟雙楫》，北京圖書館出版社2004年版，第246頁。

〔註118〕康有爲：《綴法篇》，《廣藝舟雙楫》，北京圖書館出版社2004年版，第240頁。

〔註119〕康有爲：《綴法篇》，《廣藝舟雙楫》，北京圖書館出版社2004年版，第246頁。

〔註120〕圖4-1〔清〕康有爲，《行草書軸》，載於《清代書法》，單國強主編，香港：商務印書館2001年版，第270頁。

〔註121〕圖4-2〔清〕康有爲，《行書軸》，載於《清代書法》，單國強主編，香港：商務印書館2001年版，第271頁。

十起五伏』。此已曲盡其妙。」〔註122〕把行筆的遲與急、曲與直、藏與出、起與伏結合起來，達到辨證的統一。「若能如法行筆，所謂雖無師授，亦能妙合古人也。」〔註123〕

圖 4-1　　　　　　　　　　　　圖 4-2

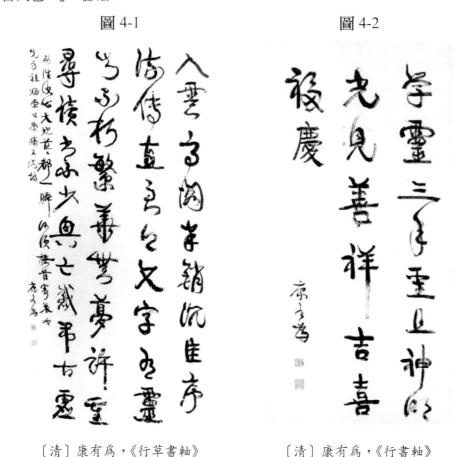

〔清〕康有爲，《行草書軸》　　　〔清〕康有爲，《行書軸》

　　對於康有爲來說，執筆、行筆雖然重要，但不可拘泥於此，歷來對於筆法的論述，「只就常法言之，令學者有下手處。然如《始平公》等碑，豈可復泥此邪？」〔註124〕最重要的是對心的涵養與提煉，只有內心充盈，才能變化出新。「新理異態，變出無窮。如是則血濃骨老，筋藏肉瑩。譬道士服煉既成，神采王長，迥絕常人也。」〔註125〕

〔註122〕康有爲：《綴法篇》，《廣藝舟雙楫》，北京圖書館出版社2004年版，第249頁。
〔註123〕康有爲：《綴法篇》，《廣藝舟雙楫》，北京圖書館出版社2004年版，第249頁。
〔註124〕康有爲：《綴法篇》，《廣藝舟雙楫》，北京圖書館出版社2004年版，第255頁。
〔註125〕康有爲：《綴法篇》，《廣藝舟雙楫》，北京圖書館出版社2004年版，第251頁。

　　從阮元、包世臣、康有爲書論來看，他們著作的一個核心思想就是尊碑抑帖，並以此是從書法史、審美觀念、技法等方面來建構碑學範式的體系。他們通過復興漢魏晉碑版書跡來矯正帖學時弊，復古出新，即在碑版書法的厚重、古拙、雄強、質樸中找到屬於自身內在精神的承載方式，轉變那種以帖爲範的文人雅士案牘把玩式的書藝方式，從而表現自身的堅韌弘毅的精神。這就使學書者從帖學範式的藩籬中解放出來，不再局限於一家一帖，鄉野碑版刻石都可以成爲取法對象。這種由帖到碑的轉換，爲我們開創了一個新的書藝模式，使書法成爲自身形的塑造和藝的表現，這不啻是一次書法史的精神革命，不僅開啓了近代書法藝術重表現的先聲，還宣告了一個新的書法時代的到來。

第五章　帖學範式到碑學範式的變化

　　行文至此，我們可以見出，帖學到碑學的轉換不僅僅是書法藝術風格的嬗變，從嚴格意義上來說，它更是書法藝術觀念的轉變、書法審美理念的更替。當碑學把取法的重心放在碑版刻石書跡的時候，以前建立在名家法帖基礎上的帖學範式的重道輕形作風被形藝並重的鄉野碑版刻石書跡所打破，當書藝的重心放在了書法「形」的塑造、書法「藝」的表現上的時候，轉換所開啟的不僅是書法藝術的新思維，而且還是近代書法美學重表現的新維度。

一、書法藝術觀念的變化

　　在傳統的以晉唐以來名家法帖為取法典範的帖學範式下，形成了一個傳承有序的名家法帖譜系。在這個譜系中，不管是書法線條形式還是文字內容都要在帖學範式的法度之內，做到「盡善盡美」，體現文人「不激不勵」、「文質相合」的雅致情懷。在這個維度之內，偏於任何一端都是受到否定的。因此像張旭、懷素那樣的肆意狂放的線條形式注定不會受到青睞，不僅《淳化閣帖》不予收錄，就連「尚意」的蘇東坡也評價張旭、懷素為：「追逐世好稱書工，何曾夢見王與鍾。妄自粉飾欺盲聾，有如市倡抹青紅，妖歌慢舞眩兒童。」〔註1〕而那些古拙、質樸、斑駁蒼茫的鄉野碑刻磚銘書跡，由於缺乏「文以載道」的內容之美，也不能進入書法文人視野範圍之內。在「質勝文則野，文勝質則史」的儒家詩教傳統觀念下，文與質要達到「文質彬彬」「中和」之美。因此在帖學範式內，書藝線條和文字內容都要與此相應和，偏於一方則

〔註1〕　《題王逸少帖》，《蘇軾詩集》卷2，中華書局1982年版，第46頁。

是「違」、是「乖」、是「怪」、是「狂」。這種標準體系還通過一系列文化政策如帝王的推崇、名家書法範例的確立、書法教育、科場考試的標準等來付諸實施，進而引導和規範學書者。於是上至國家，下至士人，從奏章誥書到科場考卷，形成了一個帖學範式的「場域」。受這個場域的影響，傳統的讀書人，從一拿毛筆起就知道王羲之和《蘭亭序》，就開始學習傳統名家典範和經典書作，自然而然地就會接受著帖學範式的審美風尚和思維模式，也只有這樣他們才能夠實現他們的文人致仕之路。

但是當千年的書法文化發展到了清代，當清代文人把關注的視野轉向碑版刻石的時候，書法所承載的文化內蘊慢慢發生了變化，書法不再專屬於文人雅士。當鄉野碑版、「窮鄉兒女造像」、民間書家書作乃至包世臣的「酒店招牌」都可以成為書法取法對象的時候，它們直接衝擊了千百年來人們對書法的根深蒂固的認識觀念和思維模式，以及建基其上的傳統書法文化。這種變化具體體現在以下幾個方面：

觀念上，不再把傳統名家法帖範例看成是至高無上的經典範例和惟一的取法對象。從傅山的取法漢碑，到金農的「華山片石」，到阮元的拘謹拙陋的北碑，到鄧石如沉雄古穆的篆書、伊秉綬凝重肅穆的隸書，名家法帖的權威和地位逐漸減弱。此時，書家可以去背離，甚至用自己的手法去創造、去表現（如鄭板橋的「六分半」書、金農的「漆書」）。對清代碑學書家來說，書法表現可以從不同形式入手，因此取法視野逐漸擴大，從碑版刻石書跡，到鍾鼎銘文乃至 20 世紀以來考古發現的簡牘帛書，都可以是取法的對象。「取法傳統帖學經典以外的文字遺跡，向名家譜系以外的無名氏的書寫之跡尋求啟發，這樣的思路，是清代碑學的思想和實踐的延伸。」〔註2〕這就為書法「形」的塑造、「藝」的表現，開啟了廣闊的表現視野。

視覺上，傳統帖學範式中雅致悅目、規整平直的審美風格，也已經不再如前朝那樣吸引士人。在大量的金石碑版的出土中，那些視覺對比強烈的黑白拓片、造型奇縱古拙的文字，那些因年代久遠而產生的斑駁蒼茫的厚重氣息，無一不深深地吸引著那些沉潛於金石碑版考訂訓詁之學的清代士人，他們從這些金石碑版縱橫捭闔的用筆、厚重沉實的線條、奇縱鮮活的布局中，發現了雄強、古拙、高古的表現形式，這些形式衝擊著人們的視覺，最終頓

〔註2〕 白謙慎：《與古為徒和娟娟髮屋——關於書法經典問題的思考》，湖北美術出版社 2003 年版，第 8 頁。

促學人一改明代以來末流帖學的軟媚乏味之風。

　　這種觀念和視覺上的變化，歸根結底是一種對延續了近千年的帖學範式的變革，是對建立在法帖典範基礎上的傳統帖學文化的背離，是書法表現重心的位移。當取法於鄉野民間碑版刻石的時候，此時的書法評價體系也就不再以文字、內容雅致為關注點，其重心被安放在了情感表現和形式塑造上。康有為在《廣藝舟雙楫・綴法篇》曾載「蓋書，形學也」〔註3〕，從而把書法的形式層面擡高到古代書法藝術的頂峰，而背後的詩教傳統所倡導的「溫潤敦厚」、「文質彬彬」、「文以載道」，都在「書為形學」口號之下而被一一解構掉了，至此書法成為一種「形」的表現藝術。因此，從碑版到金石到甲骨都可以成為「形」的構造的一部分，而其中的關鍵則是雄強、古拙、自然、質樸的審美追求和情感表現。此時，傳統帖學書法文化所要求的「不激不厲」、「志氣平和」、溫雅散逸的雅致情懷，乃至科考奏章、文書制誥中壓制情感的實用書寫，都被碑學所開掘的新的書藝表現形式所打破。如果說帖學範式是以名家法帖為取法對象，體現了「法」的一面，那麼碑學範式則是以出於民間的碑刻為取法對象，體現了「意」的一面。對於碑學書家來說，何種取法對象已經不是關鍵，關鍵是自身的情感表現，正如康有為所說的「通古今，極正變」，「新理異態，變出無窮」。可以說，建立在帖學範式基礎上的傳統書藝文化，正慢慢地從文化整體中剝離出來，變成一種自身情感的表現形式，開啟了近代書法美學重表現的先聲。正如姜壽田所說：「尊碑的目的即在於喚起人性、藝術本真的復歸。」〔註4〕

二、審美觀念的變化

　　當碑學把書法的重心建立在自身情感表現上的時候，就意味著對建立在中國傳統儒家詩教文化基礎上的帖學審美觀念的核心——「中和」之美的偏離。

　　「中和」之美作為中國書法藝術的最高審美理念，建基於傳統儒家思想之上。儒家傳統典籍《禮記・中庸》中載：「喜怒哀樂之未發謂之中，發而皆中節謂之和。中也者，天下之大本也。和也者，天下之達道也。致中和，天

〔註3〕　康有為：《綴法篇》，《廣藝舟雙楫》，北京圖書館出版社 2004 年版，第 251 頁。
〔註4〕　姜壽田：《中國書法理論史》，河南美術出版社 2004 年版，第 181 頁

地位焉，萬物育也。」〔註5〕它把「中和」與天地萬物之根本聯繫起來，認爲「中」是天下的根本狀態，「和」是天下的最終歸宿，達到「中和」境界，是一切運動變化的根本目的。這樣，天地才能各得其所，萬物才能欣欣向榮。這可謂是對儒家「中和」思想所做的經典概括。這種「中和」思想，表現在文藝領域，就是強調情與理、形式與內容和諧統一，從而達到「文質彬彬」，做到「樂而不淫、哀而不傷」。這種「中和」之美，表現在書法上，其經典表述就是孫過庭所說的：「志氣平和，不激不厲，而風規自遠。」〔註6〕，亦即項穆所云：「中也者，無過不及是也；和也者，無乖無戾是也。然中固不可廢和，和亦不可離中，如禮節樂和，本然之體也。」〔註7〕具體到書法作品，其典範形態就是王羲之的《蘭亭序》。唐太宗在《王羲之傳論》中贊其爲「盡善盡美」〔註8〕，孫過庭在《書譜》則認爲「右軍之書，代多稱習，良可據爲宗匠」〔註9〕。劉熙載《書概》中也曾經說：「右軍書不言而四時之氣亦備，所謂中和誠可經也。」〔註10〕他們確立了王書作爲中和之美的正統典型形態，成爲了帖學範式的審美標準，正如叢文俊所說：「王書的中和之美，一經確立爲正統，即成爲其後一千多年的書寫與審美、批評的基本思想和價值標準。」〔註11〕

　　正是在這種「中和」之美的標準影響下，情與理、法與意要和諧統一，從而體現「不激不厲」「志氣平和」的內在要求。「心神不正，書則欹斜，志氣不和，字則顛僕。」〔註12〕在表現形式上，筆法講求急與緩、行與留、斷與連……所謂「用筆不欲太肥，肥則形濁，又不欲太瘦，瘦則形枯；不欲多露鋒芒，露則意不持重；不欲深藏圭角，藏則體不精神。」〔註13〕在結體章

〔註 5〕 《大學　中庸》，上海古籍出版社 2007 年版，第 37 頁。
〔註 6〕 孫過庭：《書譜》，《歷代書法論文選》，上海書畫出版社 1979 年版，第 127 頁。
〔註 7〕 項穆：《書法雅言・中和》，《歷代書法論文選》，上海書畫出版社 1979 年版，第 526 頁。
〔註 8〕 李世民：《王羲之傳論》，《歷代書法論文選》，上海書畫出版社 1979 年版，第 122 頁。
〔註 9〕 孫過庭：《書譜》，《歷代書法論文選》，上海書畫出版社 1979 年版，第 128 頁。
〔註 10〕 劉熙載：《書概》，《歷代書法論文選》，上海書畫出版社 1979 年版，第 694 頁。
〔註 11〕 叢文俊：《書法史鑒》，上海書畫出版社 2003 年版，第 14 頁。
〔註 12〕 虞世南：《筆髓論》，《歷代書法論文選》，上海書畫出版社 1979 年版，第 113 頁。
〔註 13〕 姜夔：《續書譜》，《用筆篇》，《歷代書法論文選》，上海書畫出版社 1979 年版，第 386 頁。

法上，講求的正與欹、主與次、虛與實、疏與密……所謂「字不欲疏，亦不欲密，亦不欲大，亦不欲小，小促令大，大蹙令小，疏肥令密，密瘦令疏，斯其大經矣」〔註14〕。最終通過對立統一，把書法藝術中各種因素在一定限度內統一起來，達到和諧、完美的境界。「評鑒書跡，要訣何存？溫而厲，威而不猛，恭而安。宣尼德性，氣質渾然，中和氣象也。」〔註15〕

在中國書法史上，這種審美理想的的確確引導了不少傑出的書法家，創造出平和天成、簡靜渾穆的經典之作。比如說王羲之的《蘭亭序》、趙孟頫《洛神賦》、《歸去來辭》、董其昌《岳陽樓記》……它們既是形式優美的書法作品，也是卓絕的詩、詞、歌、賦，可謂是文學、書藝之美相結合的典範。

這種審美理想在書法史上創造出輝煌絢爛的高峰後，在歷史不斷演變過程中逐漸固定並被模式化，「中和」之美可以「從心所欲」，但要「不逾矩」；可以「違」，不可以「犯」；只能「溫」，不能「厲」；只能「威」，不能「猛」。這種典範之美，到了趙孟頫、董其昌則發展到極致，而帖學書法「中和」之美的各種變化到此也已發揮到了極點。到了清代，法帖輾轉翻刻線條失真，館閣書體「千人一面」，這種情況最終導致帖學書法逐漸衰微。

此時，由於金石考證興起，碑學書家們從金石碑版中發現了一種與名家法帖完全不同的新的審美風格形態：蒼勁古樸、厚重質樸、爛漫天真和神氣完足。這種新的審美風格，在阮元那裡為拘謹拙樸，在包世臣那裡為峻宕，在康有為那裡為「魄力雄強、氣象渾穆、意態奇逸、精神飛動、興趣酣足」〔註16〕。從這些醜、拙、雄健、渾穆……等形容詞裡面，我們可以見出：碑學家們所追求的主導審美風尚是一種雄強古拙的審美風格，與傳統帖學中和之美的妍妙審美風格不同。如果說在中國書法審美體系中，帖學書風代表的是「優美」審美風格的話，那麼碑學書風代表的則可以說是「壯美」審美風格。

這種「雄強」剛毅的審美風格，當我們把它們還原到清代的社會語境中去的時候，就會發現：與其說碑學家們追求的是古、拙、醜、質、厚重的審美風格，毋寧說這種審美風格是碑學家們雄強、旺盛、質樸、純真的人格境

〔註14〕徐浩：《論書》，《歷代書法論文選》，上海書畫出版社1979年版，第276頁。

〔註15〕項穆：《書法雅言・知識》，《歷代書法論文選》，上海書畫出版社1979年版，第538頁。

〔註16〕康有為：《十六宗篇》，《廣藝舟雙楫》，北京圖書館出版社2004年版，第204頁。

界的體現。從阮元提出的「拘謹拙陋」、方正遒勁，包世臣的「中實」樸茂之美、渾穆簡靜，到康有爲的雄強剛毅，無不展示出他們對雄強、鮮活、靈動生命的追求。那種源於人性、生命的碑刻形式立即讓他們找到了久違了的情感表現。熊秉明先生就曾說過：「碑刻人物在古代金石訓詁中發現了人性的純真和盎然的生命力，這些祖先遺留下來的痕跡含藏著壯苗悍強的生命。」〔註17〕這些具有盎然生命力的特質正好契合了潛藏在碑派書家內心深處積蓄已久的追求和向往。可以說，碑刻中那種渾厚古穆的精神內蘊和剛毅雄強的表現形態是無法用優美等辭彙來概括的，它超越了帖學的中和之美，走向了近代以來所推崇的崇高之美，即成爲表現自身精神內蘊的深度形式。正如康德所說：「真正的崇高必須只在判斷者（審美者）的內心中，而不是在自然客體中去尋找。」〔註18〕當這種精神被發現和挖掘，當那些金石碑刻被研究和闡釋，當新的審美風格和價值取向被確立和完善的時候，書學史出現了一個重大的轉折，即傳統書學體系的破裂和近代書學精神的誕生。

三、技法規則的變化

與「雄強」陽剛的審美書風相關聯，碑學範式在表現技法規則上與帖學範式大爲不同。如何從晉唐名家法帖轉向漢魏金石碑版刻石書跡，如何將金石碑版文字原有的實用性變成以觀賞性爲主，如何表現碑版刻石的雄強、古拙、厚重、古樸的審美特質，如何把碑版金石因久遠而滲透出的金石味體現在宣紙上，或者說如何寫出具有金石趣味的線條，等等一系列問題擺在了書家面前。對於這些問題，富有創造力的碑學書家們進行了長期艱苦而卓絕的探索，從筆法、取法途徑、技法形式等方面進行了探索和嘗試。

如清初的鄭簠爲了在書作上能夠達到碑刻書跡中隸書的厚重效果，「取筆捌管，作礮轂之狀，半日一畫，每成一字，必氣喘數刻」〔註19〕。金農爲了表現隸書的拙厚樸茂的特點，竟將毛筆截去毫端，傾斜執筆，用側筆平鋒去刷寫隸書，創造了新的書法表現形式「漆書」。何紹基爲了達到線條拙實堅厚的效果，摒棄帖學技法中線條中截不實的弊端，自創「回腕高懸」技法。「回

〔註17〕熊秉明：《中國書法理論體系》，天津教育出版社2002年版，第135頁。
〔註18〕康德著，鄧曉芒譯：《判斷力批判》，人民出版社2004年版，第95頁。
〔註19〕張在辛：《隸法瑣言》，轉自侯開嘉《中國書法藝術筆法發展概論》，《中國書法史新論》，上海古籍出版社2003年版，第108頁。

腕高懸，通身力到，方能成字。約不及半，汗浹衣褥矣。」〔註 20〕像這樣在筆法上創新的書家，清代 200 多年的書法史中還有很多。正如侯開嘉在評說清代筆法的時候所說：「眞可謂八仙過海，各顯神通，新筆法之多，令人驚歎！」〔註 21〕

而在眾多筆法創新中，鄧石如自創的「懸腕雙鈎，管隨指轉」影響最大。這種用筆法強調運指、行筆要絞毫，筆鋒、筆肚一齊發力，同時兼用中鋒、側鋒、裹鋒等，以達八面出鋒。鄧石如的「管隨指轉」筆法一出，立即有了一大批的傚仿者。比如說，劉墉的筆法「左右盤闢，管隨指轉」〔註 22〕，就是受其影響，何紹基的「回腕法」也受鄧石如「管隨指轉」的啓發。而包世臣《藝舟雙楫》裏所闡釋的「運指」之說，也受到其師鄧石如的影響。但即使是這樣，康有爲在《廣藝舟雙楫》也提出批評，認爲「古人作書，無用指者」〔註 23〕，要以腕運筆引全身之力而出。可見，清代碑學興起以來，碑學書家的筆法技法呈現出花樣翻新、競相爭輝的局面。

由於大部分碑版作品產生在新舊字體過渡階段，因此，點畫、結體、章法都處於蛻變中，沒有一個固定的法度標準，再加上碑學取法範圍從碑版刻石到鍾鼎彝器，從造像墓誌到瓦當印文，這就給書家提供了各種嘗試的可能性。即使是同樣的碑版，不同審美取向的人有不同的取法，更不用說很多書家爲突顯個人風格而從各種碑版中廣泛搜集那些幾乎還沒有人涉及的冷僻小碑。「於是山岩、屋壁、荒野、窮郊，或拾從耕父之鋤，或搜自宮廚之石，洗濯而發其光彩，摹搨以廣其流傳。」〔註 24〕這樣一來，面目更是多姿多彩。甚至有很多書家同時將多種碑版風格融合在一起，形成自己的面目，結果造成百花齊放的書法風格和面貌。這種情形尤其表現在清代末期的書壇上，產生了「從張裕釗寫北碑類比刀刻的銳利效果到徐三庚寫篆書極盡聚散離合之能事，從趙之謙側筆翻毫不避輕薄靡弱之誚到李瑞清搖曳顫抖以求斑駁遲澀之趣」〔註 25〕的現象。

〔註 20〕何紹基：《跋魏〈張黑女墓誌〉拓本》，《何紹基詩文集》卷九，嶽麓書社 1992 年版，第 479 頁。

〔註 21〕侯開嘉：《中國書法藝術筆法發展概論》，《中國書法史新論》，上海古籍出版社 2003 年版，第 108 頁。

〔註 22〕包世臣：《記雨棒師語》，《藝舟雙楫》，北京圖書館出版社 2004 年版，第 196 頁。

〔註 23〕康有爲：《執筆篇》，《廣藝舟雙楫》，北京圖書館出版社 2004 年版，第 230 頁。

〔註 24〕康有爲：《尊碑篇》，《廣藝舟雙楫》，北京圖書館出版社 2004 年版，第 35 頁。

〔註 25〕劉恒：《中國書法史·清代卷》，江蘇教育出版社 1999 年版，第 286 頁。

　　此時，在帖學範式裏面所強調的「用筆千古不易」的師法傳承體系，被碑學書家打破，乃至被摒棄。然而此時技法對碑學書家來說，只是達到自身形的塑造的一種方式而已，而更重要的則是通過技的層面來達到對自身精神內蘊的表現。正如侯開嘉在《中國書法藝術筆法發展史概論》裏所載：「清人在探索新筆法時，主要重視表現出的藝術效果，而不擇手段如何。」〔註26〕

　　再加上，清代的書法家大都也是畫家、篆刻家，因此他們在探索筆法新形式的時候不可避免地就會將畫法、刀法融入到書法中：以畫入書、以刀入書，用筆如畫、用筆如刀。這種融合產生了筆法上的新面貌，在書法線條、用墨、章法等方面產生了無盡的可能性，當然也就產生了對金石碑版的特質如古樸、渾厚、雄渾、金石味等進行再現的無數可能性。

〔註26〕侯開嘉：《中國書法藝術筆法發展概論》，《中國書法史新論》，上海古籍出版社 2003 年版，第 109 頁。

結語：對清代碑學「範式」的反思

本書使用「範式」來切入對清代碑學興起與發展的分析和闡釋，從「範式」轉換——由帖學到碑學的角度，來思考和分析清代碑學興起和發展的「內部進路」和「外部進路」，探討清代碑學範式的構成內容，展示其書法審美風尚和技法規則，分析由帖學範式轉換到碑學範式所引起的書法形態的變化和觀念的轉變。

「範式」作為我們研究清代碑學的理論視角，是基於以下的認識：

清代碑學的興起與發展，作為中國書法史上一次大的變革，從書法藝術觀念、審美風格、技法體系上都與建立在傳統名家法帖基礎上的帖學「範式」截然不同。

在書法藝術觀念上，碑學改變了傳統以名家法帖為一統的書法史格局，把鄉野碑版刻石書跡也納入到書學體系之中，並建構了相關的理論體系，擴大了書史的範圍。名家法帖不再是學書者惟一的範本，碑版刻石書跡，乃至鍾鼎彝器、墓誌造像都可以成為書藝取法和表現的對象。對於碑學家來說，與其說取法碑版刻石書跡是要獲取帖學範式所沒有的書藝表現形式，毋寧說碑學家正是從鄉野碑版刻石書跡中找尋了那久違的源於自身生命的雄強樸茂之精神氣韻。

在審美風格上，碑學形成了與傳統帖學「優美」不同的雄強陽剛的「壯美」風格。

在技法上，碑學形成了一套與帖學書寫不同的規則，成功地把金石碑版的樸茂雄強之氣表現在宣紙上。

因此，從碑學變革傳統帖學的意義來看，清代碑學的興起和發展是一場

由帖學到碑學的「範式」轉換。在「範式」轉換中，不僅僅是書法藝術觀念、審美風格和技法發生轉變，而且承載帖學「範式」的傳統文化生態也發生了改變。正如姜壽田所說：「清代碑學作爲近代書法變革運動，它構成對書法古典傳統的範式轉換和價值重建，這個範式轉換是圍繞去文人化進行的，因而其解構的目標自然指向古典帖學。」〔註1〕

它不僅是源於帖學自身內部的衰微，也與清代的社會、學術、文化政策有著密切關係。因此，本書通過「範式」的研究角度對它們也進行了分析，並深入到清代學術轉型、士人身份轉變等方面，來探討清代由帖學「範式」到碑學「範式」轉換的內在原因和外在原因，並在碑學帖學的對比闡釋中，分析清代碑學的出現對中國書法史的變革意義。甚至可以這樣說，碑學轉換所蘊含的變革意義，在今天仍在延續，「它的理論效用一致延伸到當代書學」〔註2〕。

但閱讀至此，讀者也許會問，「範式」作爲庫恩用來研究科學變革的理論，是否可以用來研究藝術史領域的課題？也就是說，藝術領域的「範式」轉換是否與庫恩在闡釋科學革命時的「範式」轉換一致呢？是否清代碑學興起，帖學就完全湮滅了？答案顯然是否定的。在這裡我們一定要清楚：「範式」轉換在科學革命中和在藝術變革中是兩個不同的東西，具有不同的特點。正如庫恩所說：「與藝術不同，科學毀滅自己的過去。」也就是說，過去的藝術仍然給現在以影響。「畢卡索的成功，並沒有把倫勃朗的繪畫擠進藝術博物館的地下儲藏室。近古與遠古的藝術傑作在形成公眾的藝術趣味與啓導許多藝術家走向專業道路方面，仍然起著重大作用。」〔註3〕

因此，在中國書法史上，當碑學「範式」興起以後，帖學「範式」並沒有消失，甚至可以說帖學「範式」仍在發展。碑學「範式」正是在與帖學「範式」之間的張力關係中產生出的一種新的書法藝術流派，它打破了帖學一統天下的格局。「因爲一個藝術傳統的成功並不能使另一個傳統變成不正確的謬誤，藝術遠比科學易於容許好幾個無不相容的傳統或流派同時存在。……即是新傳統被人接受，而不是舊傳統的結束。」〔註4〕因此，坊間最近不斷有學

〔註1〕 姜壽田：《中國書法理論史》，河南美術出版社2004年版，第182頁。
〔註2〕 姜壽田：《中國書法理論史》，河南美術出版社2004年版，第184頁。
〔註3〕 〔美〕托馬斯·庫恩著，范岱年等譯：《必要的張力——科學的傳統和變革論文選》，北京大學出版社2005年版，第336頁。
〔註4〕 〔美〕托馬斯·庫恩著，范岱年等譯：《必要的張力——科學的傳統和變革論

者指出：「碑學的興起，固然打破了帖學的一統天下，但絕不是取而代之的關係。在 17 世紀以後的三百多年中，兩者的關係既有競爭的一面，又有交融的一面。」〔註5〕西南大學曹建的博士論文《晚清帖學研究》〔註6〕通過對晚清文獻梳理和帖學書家書作的研究，認為在晚清碑學大興的同時，帖學並沒有消亡，帖學在晚清仍有發展。即使在清代碑學家那裡受到質疑與否定的王羲之《蘭亭序》，在清代帖學書家中仍然保持著其正宗地位：「如王宗炎、翁方綱、成親王等，均對《蘭亭》肯定、崇拜甚至以為『神物』……可以說，從嘉道之際到道光末年，對於《蘭亭》的尊崇是貫穿始終的。」〔註7〕然而，在清代碑學的衝擊下，以王羲之及《蘭亭序》為代表的名家法帖，對學書者來說，已經不再如以前那樣不可或缺了，此時純粹寫帖的人，比例大為減少。

因此，與科學革命不同，在藝術領域，一種「範式」的出現並不意味著先前的「範式」的消亡，在很大程度上說是範式的並存，因為「過去藝術活動的成果仍然是藝術舞臺的一個重要部分」〔註8〕。正如當印象派出現以後，寫實的繪畫並沒有消失了一樣，它只不過失去了藝術發展進程上的意義而已。可以說，「自碑學思潮興起以來，帖與碑這兩大傳統之間固然有競爭，但兩者互相磨合與消融的關係一直是主流」〔註9〕。即使如阮元、包世臣、康有為在自己的書學論著中極力論述和倡明碑學理論，但他們自己的書法形態也還是碑帖兼容、以碑入帖，或以帖入碑的。

因此，回到主題，可以看到，本書使用的「範式」理論，只是把握問題、思考問題的一種方式、一種角度、一種問題框架，或者也是一種意圖表達而已。「範式」永遠只是一種把握對象的方式和理論，而對象則是具體的（正所謂藝術是永恆的一樣）。因此「範式」永遠是暫時的或是保守的，然而正是有了「範式」的轉換才改變了所有的舊的觀念、視角、體系和問題意識等等，這一轉換拓展了我們看待世界的視野，挖掘了我們認識事物的深度，使我們

文選》，北京大學出版社 2005 年版，第 340 頁。

〔註5〕白謙慎：《傅山的世界——十七世紀中國書法的嬗變》，生活・讀書・新知三聯書店 2006 年版，第 5 頁。

〔註6〕曹建：《晚清帖學研究》，南京藝術學院，博士論文 2004 年。

〔註7〕曹建：《晚清帖學研究》，南京藝術學院，博士論文 2004 年，第 38 頁。

〔註8〕〔美〕托馬斯・庫恩著，范岱年等譯：《必要的張力——科學的傳統和變革論文選》，北京大學出版社 2005 年版，第 336 頁。

〔註9〕白謙慎：《與古為徒和娟娟髮屋——關於書法經典問題的思考》，湖北美術出版社 2003 年版，第 9 頁。

能深入到這場由帖學到碑學的變革中，去清晰地認識書法形態的多樣性和豐富性，去展開對「範式」轉換的各種社會、政治和文化上的原因進行研究，從而進入到跨學科的研究之中，拓展書法研究格局。這也是我嘗試運用西方學術理論話語來研究中國傳統書藝的初衷，希望藉此擴大傳統書法研究的視野以及書法史學者在研究問題時的理論的自覺性。

中國傳統書法歷來與政治、經濟、文化都有或隱或顯的關係，書法自身內部雖然也形成了一套自己的語法結構和語言，如書法風格形式分析、書法理論、用筆技法等等，卻一直未能形成諸如文學、政治、歷史等學術界較深的分析理論構架和話語體系，其深層原因就在於學術範式的缺失、學術話語的匱乏、對自身學術話語的不明確以及沒有形成一種強烈的理論訴求。至今，由於缺少對書法有深度的理論範式的研究而使書法研究淪為考據史學論證的一部分，因此而充分掌控新的學術範式和話語資源就成了書法藝術學科建構自身的一條重要路徑。正是在這種思路下，本書嘗試用「範式」理論來分析清代碑學，並試圖給書法史的理論話語分析提供一種新的模式和參考。

參考文獻

一、工具書

1. 梁披雲主編，《中國書法大辭典》，香港：香港書譜出版社，1984。

2. 張潛超編，《中國書法論著辭典》，上海：上海書畫出版社，1990。

3. 容庚，《叢帖目》，香港：中華書局，1980。

4. 楊震方編，《碑帖敘錄》，上海：上海古籍書店，1988。

5. 馬子雲、施安昌，《碑帖鑒定》，南寧：廣西師範大學出版社，1993。

6. 王壯弘，《帖學舉要》，上海：上海書畫出版社，1987。

7. 李伏昆編著，《中國書論輯要》，南京：江蘇美術出版社，2000。

8. 陶明君編著，《中國書論辭典》，長沙：湖南美術出版社，2001。

二、著作類

1. 《景印文淵閣四庫全書》，臺灣：臺灣商務印書館，1986。

2. 《續修四庫全書》，上海：上海古籍出版社，1995。

3. 《清史稿》，北京：中華書局，1995。

4. 《王陽明全集》，上海：上海古籍出版社，1992。

5. 顧炎武，《日知錄集釋》，黃汝成集釋，上海：上海古籍出版社，1985。

6. 顧炎武，《顧亭林詩文集》，北京：中華書局，1983。

7. 《藝林名著叢刊》，北京：中國書店，1983。

8. 俞劍華，《中國古代畫論類編》，北京：人民美術出版社，2007。

9. 王伯敏等編，《書學集成——清代卷》，石家莊：河北美術出版社，2002。

10. 華人德編，《歷代筆記書論彙編》，南京：江蘇教育出版社，1996。

11. 崔爾平編，《明清書法論文選》，上海：上海書店出版社，1995。

12. 崔爾平編，《歷代書法論文選續編》，上海：上海書畫出版社，1993。

13. 《歷代書法論文選》，上海：上海書畫出版社，1979。

14. 張彥遠，《法書要錄》，北京：人民美術出版社，1984。

15. 翁方綱，《翁方綱題跋手箚集錄》，南寧：廣西師範大學出版社，2002。

16. 傅山，《霜紅龕集》，太原：山西人民出版社，1985。

17. 趙之謙，《章安雜說》，上海：人民美術出版社，1989。

18. 阮元，《揅經室集》，北京：中華書局，1993。

19. 阮元，《揅經室續集》，上海：商務印書館，1936。

20. 包世臣，《藝舟雙楫》，北京：北京圖書館出版社，2004。

21. 康有為，《廣藝舟雙楫》，北京：北京圖書館出版社，2004。

22. 康有為，《廣藝周雙輯注，崔爾平校注》，上海：上海書畫出版社，2006。

23. 《何紹基詩文集》，長沙：嶽麓書社，1992。

24. 馬宗霍輯，《書林藻鑒‧書林記事》，北京：文物出版社，1984。

25. 梁啟超，《清代學術概論》，上海：上海古籍出版社，2005。

26. 梁啟超，《中國近三百年學術史》，天津：天津古籍出版社，2003。

27. 錢泳，《履園叢話》，北京：中華書局，1997。

28. 徐珂，《清碑類鈔》，北京：中華書局，1984。

29. 丁文雋，《書法精論》，北京：中國書店，1983。

30. 陳振濂主編，《書法學》，南京：江蘇教育出版社，1992。

31. 邱振中，《書法的形態和闡釋》，北京：中國人民大學出版社，2005。

32. 潘伯鷹，《中國書法簡論》，上海：人民美術出版社，1981。

33. 金學智，《中國書法美學》，南京：江蘇文藝出版社，1997。

34. 李澤厚，《美學三書》，天津：天津社會科學院出版社，2003。

35. 沈語冰，《歷代名帖風格賞析》，杭州：中國美術學院出版社，1999。

36. 金開誠、王岳川著，《中國書法文化大觀》，北京：北京大學出版社，1995

37. 《20世紀書法研究叢書》，上海：上海書畫出版社，2000。

38. 朱仁夫，《中國古代書法史》，北京：北京大學出版社，1992。

39. 朱仁夫，《中國現代書法史》，北京：北京大學出版社，1996。

40. 白謙慎，《傅山的世界——十七世紀中國書法的嬗變》，北京：生活‧讀書‧新知三聯書店，2006。

41. 白謙慎，《與古為徒和娟娟髮屋——關於書法經典問題的思考》，武漢：湖北美術出版社，2003。

42. 孫洵，《清代乾嘉學派與書法》，天津：天津人民美術出版社，2005。

43. 孫洵，《民國書法史》，南京：江蘇教育出版社，1998。

44. 叢文俊等著，《中國書法史》，7卷本，南京：江蘇教育出版社，1998。

45. 從文俊著，《書法史鑒》，上海：上海書畫出版社，2003。

46. 王冬齡，《清代隸書要論》，上海：上海書畫出版社，2003。

47. 姜壽田，《中國書法理論史》，鄭州：河南美術出版社，2004。

48. 王鎮遠，《中國書法理論史》，合肥：黃山書社，1996。

49. 宋民，《書法美的探索》，北京：中國旅遊出版社，1997。

50. 龔鵬程，《書藝叢談》，濟南：山東畫報出版社，2007。

51. 鄭曉華，《古典書學淺探》，北京：社會科學文獻出版社，1999。

52. 鄭曉華，《翰逸神飛——中國書法藝術的歷史與審美》，北京：中國人民大學出版社，2000。

53. 葉鵬飛，《中國書法家全集之阮元、包世臣》，石家莊：河北教育出版社，2003。

54. 沃興華，《碑版書法》，上海：上海人民出版社，2005。

55. 朱世源，《揚州歷代書法考評》，上海：學林出版社，1998。

56. 徐利明，《中國書法風格史》，鄭州：河南美術出版社，1997。

57. 熊秉明，《中國書法理論體系》，天津：天津教育出版社，2002。

58. 姜澄清，《中國書法思想史》，鄭州：河南美術出版社，1994。

59. 陳方既，《書法美學思想史》，鄭州：河南美術出版社，1994。

60. 蔣文光、張菊英，《中國碑帖藝術論》，北京：中國工人出版社，1995。

61. 侯開嘉，《中國書法史新論》，上海：上海古籍出版社，2003。

62. 胡傳海，《法度·形式·觀念》，上海：上海書畫出版社，2006。

63. 黃愛平，《樸學與清代社會》，鄭州：河南人民出版社，2003。

64. 馮友蘭，《中國哲學簡史》，北京：北京大學出版社，1996。

65. 王文亮，《中國聖人論》，北京：中國社會科學出版社，1993。

66. 劉澤華，《中國的王權主義》，上海：上海人民出版社，2000。

67. 仲威，《帖學十講》，上海：上海書畫出版社，2005。

68. 仲威，《碑學十講》，上海：上海書畫出版社，2005。

69. 曹士晃，《法帖譜系》，北京：中華書局，1985。

70. 陶宗儀，《南村輟耕錄》，北京：文化藝術出版社，1998。

71. 啓功，《啓功叢稿——論文卷》，北京：中華書局，1999。

72. 《蘭亭論辨》，北京：文物出版社，1977。

73. 葉昌熾，《語石校注》，《韓銳校注》，北京：今日中國出版社，1995。

74. 馬衡，《凡將齋金石叢稿·中國金石學概要》，北京：中華書局，1977。

75. 朱劍心，《金石學》，長沙：商務印書館，1940。

76. 龔自珍，《商周彝器文錄敘》，上海：上海人民出版社，1975。

77. 錢大昕，《潛研堂集》，上海：上海古籍出版社，1989。

78. 廣州書畫研究院，《康有爲書學國際研討會論文集》，香港：書藝出版社，2002。

79. 《中國碑帖與書法國際研討會論文集》，香港：中文大學文物館，2001。

80. 李彤，《論非藝術因素與書法藝術的發展》，南京：南京藝術學院博士論文，2005。

81. 曹建，《晚清帖學研究》，南京：南京藝術學院博士論文，2004。

82. 馬新宇，《清代碑學批評——以〈廣藝舟雙楫〉爲中心》，長春：吉林大學古籍研究所博士論文，2007。

83. 馬玉蘭，《宋代法帖研究》，北京：首都師範大學博士論文，2003。

84. 周睿，《清代書法碑學的發生與建構》，北京：中國人民大學博士論文，2005。

85. 廖新田，《清代碑學書法研究》，臺灣：國立臺灣師範大學美術研究所碩士論文，1992。

86. Lothar Ledderose, *Mi Fu and the classical tradition of Chinese calligraphy*（Princet on University Press, 1979）

87. Chiang Yee, *Chinese calligraphy: an introduction to its aesthetic and technique*（Harvard University press, 1973）

三、書法圖集

1. 王乃棟編著，《碑學名家書法眞僞圖鑒》，廣州：嶺南美術出版社，2002。

2. 陳烈編，《小莽蒼蒼齋藏清代學者法書選集》，北京：文物出版社，1995。

3. 陳烈編，《小莽蒼蒼齋藏清代學者法書選集續編》，北京：文物出版社，2001。

4. 顧廷龍主編，《中國美術全集·書法篆刻編·清代書法》，上海：人民美術出版社，1989。

5. 劉正成主編，《中國書法全集——趙孟頫卷》，北京：榮寶齋出版社，1991。

6. 劉正成主編，《中國書法全集——董其昌卷》，北京：榮寶齋出版社，1994。

7. 劉正成主編，《中國書法全集——清代卷》，北京：榮寶齋出版社，1997。

8. 《王鐸書法全集》，鄭州：河南美術出版社，2003。

9. 中國古代書畫鑒定組編，《中國古代書畫圖目》，北京：文物出版社，1986。

10. 《書跡名品從刊》日本東京：二玄社，2001。

11. 蕭燕翼主編,《明代書法》,香港:商務印書館,2001。

12. 單國強主編,《清代書法》,香港:商務印書館,2001。

四、方法論

1. 托馬斯・庫恩,《科學革命的結構》,金吾倫等譯,北京:北京大學出版社,2003。

2. 托馬斯・庫恩,《必要的張力——科學的傳統和變革論文選》,范岱年等譯,北京:北京大學出版社,2004。

3. 野家啟一,《庫恩——範式》畢小輝譯,石家莊:河北教育出版社,2002

4. 巴克森德爾,《意圖的模式》曹意強等譯,杭州:中國美術學院出版社,1997。

5. 蘇珊・桑塔格,《沉默的美學》黃梅等譯,海口:南海出版公司,2006。

6. 迪弗,《藝術之名》,長沙:湖南美術出版社,2006。

7. 艾爾曼,《從理學到樸學——中華帝國晚期思想與社會變化面面觀》,周文彬譯,南京:江蘇人民出版社,1997。

8. 余英時,《中國思想傳統的現代詮釋》,南京:江蘇人民出版社,1989。

9. 羅志田,《權勢轉移:近代中國思想、社會與學術》,武漢:湖北人民出版社,1999。

10. 楊念群,《儒學地域化的近代形態》,北京:生活・讀書・新知三聯書,1997。

11. Michael Baxandall, *painting and Experience in Fifteenth Century Italy* (Oxford University Press, 1988)

五、期　刊

1. 《書法研究》、《書法叢刊》、《書法》、《中國書法》、《中國書畫》、《文物》、《故宮博物館院刊》、《故宮學術季刊》(臺灣)、《書譜》(香港)。